陽気ぐらしへの扉

真のたすかり祈って

天理教道友社

陽気ぐらしへの扉

目　次

おたすけ日誌 Ⅰ　7

しあわせの心　Ⅰ　59

おたすけ日誌 Ⅱ 119

しあわせの心　Ⅱ　171

この本は、平成十八年から二十一年まで『みちのとも』に連載された「病む人の陽気ぐらしへ――『憩の家』事情部おたすけ日誌」と、同十九年から二十年にかけてCSデジタル放送「テレビ天理教の時間」で放映された教話「しあわせの心」の中から、それぞれ二十編ずつを選んでまとめました。

おたすけ日誌　Ⅰ

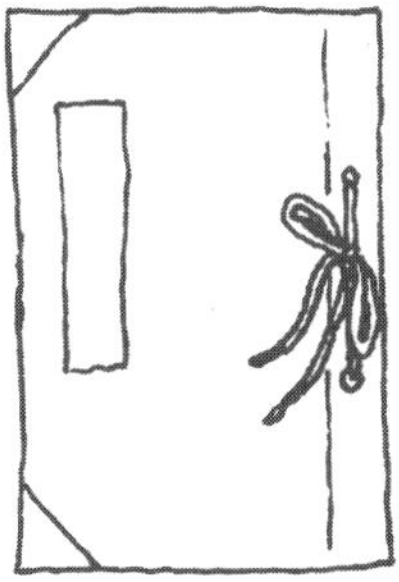

はるかに遠い〝四町の道のり〟

宮《みや》坂《さか》政《まさ》男《お》
東京都品川《しながわ》区・南泰《なんたい》分教会前会長

○月×日

新幹線ひかり415号が、定刻の午後二時十四分に品川駅を出発した。あすからの「憩《いこい》の家」事情部の勤務に赴《おもむ》くため、私はこの車中にいる。

事情部講師を務めるのは、直属教会などから推された、おたすけ経験豊富な約百人。講師は月七日間の勤務のため、全国各地から毎月おぢばへ帰る。

二代真柱《しんばしら》様は「心身共に修理することによって、そして他日の明るい陽気ぐらしを、しっかりとこの場で喜んで頂きたい」との思いから「天理よろづ相談所」病院を設立、「憩の家」と命名された。

はるかに遠い〝四町の道のり〟

ここでは、医師と看護師らが最先端の医学を駆使して治療に当たるとともに、事情部講師が患者さんの心の立て替えを促し、喜びの心を持ってもらえるよう、日夜おたすけに努めている。

午後六時三十分、近鉄《きんてつ》電車が天理駅に到着した。夕闇《ゆうやみ》迫る駅頭に降り立った私は、東の真正面にそびえ立つ「憩の家」の窓明かりを目にして、あすからのおたすけ意欲が湧《わ》き上がるのを感じていた。

○月×日

約二十日ぶりの出勤だった。講師室には当番の事情部講師がいた。その奥では「憩の家」開所以来四十年勤続というベテラン講師が大きな声で話しており、その周りを若い講師たちが取り囲んで熱心に耳を傾けている。入り口付近は新任講師のたまり場となっている。その佇《たたず》む姿に、三年前の自分が重なって見えた。

講師に任命されたばかりのころ、私は出勤すると同時に手渡される「おたすけ録」に目を通すや、与えられたその日の御用を、その日のうちにこなすことに必死になっていた。

そんな切迫感を持ちながら、おたすけに回っていた私に対し、患者さんは私の心を見透《みす》かしたように「そんなものいらん」と、おさづけの取り次ぎを断るのである。正直言って、お道の病院である「憩の家」で取り次ぎを断られるとは、夢にも思わなかった。

とはいえ、入院患者さんの七、八割が未信仰の方であることを考えれば、至極当然かもしれない。だが、与えられた御用を〃義務〃のようにこなしていた私が、心を切り替えなければならないと気づいたのは、講師のご命を頂いて一年が経《た》ったころだった。

○月×日

「『憩の家』で受診される患者さんは、自分の意思で来《こ》られます。しかし、ここから東へ四町《ちょう》（約四三六メートル）の道のり、親神様のお鎮《しず》まりくださるぢばまで誘《いざな》うのは、事情部講師の皆さん方の真実にかかっています」

事情部長のお話は、まさしく目から鱗《うろこ》が落ちるように私の心に治まった。「おさづけを取り次ぐことだけがすべてではない。〃病む人の心だすけ〃も大切な務めなんだ」と、あらためて気づいた。

それからは、教祖《おやさま》のお心に溶け込み、なんとかかんろだいの前までお連れしたいと願ったが、〃四町の道のり〃は東京―天理間よりもはるかに遠く感じられた。

○月×日

近隣の町からS君が訪ねてきた。S君は昨年三月に修養科を志願、晴れておさづけの理を拝戴《はいたい》した。毎月、私がおぢばに滞在している間に元気な顔を見せてくれる。

S君との出会いは、一昨年の秋にさかのぼる。眼底出血から入院したS君は、失明の危機に見舞われたが、医師の懸命の治療により、無事に退院できた。

ある日のこと、S君がこれからの身の振り方を相談に来た。私は、S君の相談に乗るに際して、親神様におすがりさせていただこうと、彼を神殿へ誘い、かんろだいの前で共にぬかずいた。そして、別席を運ぶことを勧めた。S君が「お誓い」をしているとき、私は、事情部講師として世話取りした人をお道へ導けたことに大きな喜びを感じ、心から親神様、教祖にお礼を申し上げたのだった。

○月×日

「ルル、ルル……」。枕元《まくらもと》の電話が鳴った。受話器を取ると「お出直しです。お帰りは三時半」。保安室からの連絡だった。時計の針は午前二時を指していた。

出直した人のお見送りは、事情部講師の大事な御用である。帰宅される十五分前には、霊安室へと赴く。霊安室に続く真っ暗な長い廊下を歩くと、次第に厳粛《げんしゅく》な気持ちになる。遺族の悲しみを慰め、出直しの教理を取り次いで、医師や看護師と共に〝旅立ち〟をお見送りする。

○月×日

　午後三時に務めを終えた私は、急いで詰所に戻り、身支度《みじたく》を整えて天理駅へと駆けつけた。そして、四時三十五分、京都行き急行に乗り込んだ。

　一週間の勤務中、一日平均十人のおたすけに掛かり、約七十人におさづけを取り次がせていただいた。充実した思いで東京へ帰ることができる。早く帰って孫を風呂に入れたいところだが、教会へ着くころには、もう寝ていることだろう。

　午後九時すぎ、新幹線が品川駅のホームに滑り込んだ。エスカレーターで中央ホールに出ると、人で溢《あふ》れ返る大都会の喧騒《けんそう》に包まれた。この光景を見ると、日常生活に戻れた気がして、内心ほっとする。都会のざわめきの中で、あすからの教会でのおたすけを誓った。

新たないのちの誕生と出直し

美並敏子《みなみとしこ》
奈良県田原本町《たわらもと》・多味《おおみ》分教会前会長夫人

○月×日

小児病棟のおたすけに向かうときは、足音ひとつにも注意を払う。子供の入院で身も心も疲れきっている母親を気遣うからだ。

ある日、翌日に三回目の手術を控えたA君のベッドを訪ねた。左目に、視力が徐々に衰える病気を患っている。A君は三人目にして初めて生まれた男の子で、少しわがままに育ったせいか、いつも病室で暴れ回る。母親からは、おさづけの取り次ぎを断られている。

この日は、手術前の処置に来ていた看護師も、注射をできずに困り果てていた。

「きょうこそ取り次ぎを」と親神様にお願いしていた私は、ふと「子供の心になろう」と思い浮かんだ。そこで、A君とジャンケンゲームをして遊ぶうちに、いつの間にかおとなしくなり、おさづけも注射も素直に受けてくれた。

それを見た母親は泣いて喜んだ。母親は、おさづけを拒んでいたわけではなく、息子をなだめる大変さを気遣い、遠慮していたのだ。そんな母親の本心を知り、相手の立場に立つことは、おたすけの第一歩だとあらためて思った。

○月×日

年配の女性が卵巣腫瘍《しゅよう》で入院された。最初の日のおたすけで「憩《いこい》の家」の創設の理念と、おさづけの理について話すと、婦人は快く取り次ぎを受けてくださった。

翌日、婦人へおさづけを取り次いでいるさなかに、「先生、おさづけの効き目はありますか？」と尋ねられた。大きくうなずきながら取り次いだ後、おさづけの理は別席のお話を九回聴いて心に治め、ご存命の教祖《おやさま》から戴《いただ》く生涯の宝であることなどを話した。

すると、婦人は姿勢を正して「もったいないことです」と丁寧《ていねい》にお礼を言われた。以来、婦人は取り次ぎのたびに深々と頭を下げられる。

撫《な》でてなりとも、さすってなりとも、たすけてやりたいとの教祖の親心を取り次がせていただく幸せを、毎日しみじみと感じている。

○月×日

朝礼後、産科病棟の陣痛室へ向かう。今回が初産《ういざん》のEさんは、過去に流産を経験していた。破水して痛みをこらえるEさんの横で、姑《しゅうとめ》さんが居ても立ってもいられず、心配そうに歩き回っていた。

事情部では、をびや許しを頂いていない患者さんに対して、本人の同意を得たうえで、産前産後におさづけを取り次ぐことを申し合わせている。

「もう少しの辛抱ですよ。神様にもたれて、安心して産んでください」とEさんの手を握って話しかけ、一時間と仕切っておさづけを取り次がせていただいた。その後、再び陣痛室の前を通ると、歯を食いしばるような声が聞こえてきた。

○月×日

Eさんを訪ねると、私に気づいた姑さんが、きのうの昼前に元気な男の子が生まれたことを報告してくれた。それは、おさづけの取り次ぎから一時間ほどのいのちの安産だったとも。親神様、教祖に心からお礼を申し上げ、お見舞いに来《こ》られたEさん夫婦の両親にも、ひと言お話をした。

「子供は夫婦の都合でつくるものではなく、

神様から授かるものです。また、親が子となり子が親となって生まれかわると教えられます。家庭では、親子が恩の報じ合いをして通ることが大切ですよ」

全員が真剣に耳を傾けてくれた。そして、産後のおさづけを申し出ると、一同は喜んで添い願いをしてくださった。

○月×日

未熟児室に入院している、超低出生体重児で生まれたMちゃんのおたすけを頼まれた。未熟児室は、普段おたすけに入らない場所。緊迫した雰囲気から、深刻な状況がひしひしと伝わってくる。

医師は最善の処置を施したが、チアノーゼの出たMちゃんの肌は鉄色で、かろうじて息をしている状態だった。泣きながら娘を抱く母親の姿は、いままさに子供の最期《さいご》を看取《みと》っているように見えた。

医師や看護師の添い願いのもと、無我夢中でおさづけを取り次ぐと、すぐに私は神殿へ行き、お願いづとめを勧めた。急いで病室へ戻ると、驚いたことに、おさづけの取り次ぎ後、呼吸が落ち着き、命をつないだという。鮮やかなご守護に、おさづけの理の尊さを実感し、Mちゃんの両親とも手を取り合って喜んだ。

○月×日

きょうから一日六回のおさづけを取り次がせていただくことにした。私は心身ともに疲れた様子の母親の肩を揉《も》みながら、「夫婦で心一つに、神様にお願いさせていただきましょう」と励ました。

○月×日

「Mちゃんが安らかに出直しました」との連絡を受けたのは二日目の夜、ちょうど宿直を務めているときだった。

両親は、医師と看護師にお礼を言い、「おさづけを取り次いでいただけたことは、この子にとって最高の幸せでした」と話された。

私は一瞬、言葉に詰まったが、「Mちゃんは短い寿命でとても残念でしたが、おさづけの取り次ぎを受けて、来生はきっと元気な体を借りて生まれかわってきますよ」と話すと、両親は涙を流しながらうなずかれた。

Mちゃんが一日も早く両親のもとに生まれかわってくることを、きょうも親神様にお願い申し上げている。

親身のおたすけに携われる喜び

小西《こにし》道治《みちはる》
山口県下関《しものせき》市・豊西《とよにし》分教会長

○月×日

七十代の女性Yさんが「憩《いこい》の家」本院から白川《しらかわ》分院へ転院してこられた。

白川分院は、平成十五（二〇〇三）年七月に療養病棟、回復期リハビリテーション病棟、そして精神科病棟をもって開設された。開設当時より、私は白川分院でのおたすけを担当している。

Yさんを訪ねると、彼女の暗い表情がとても気になった。「どうしましたか?」と聞くと、「私はもうだめです」と言われる。詳しく伺うと、家で転んだ拍子に大腿骨《だいたいこつ》を折り、本院に入院して手術を受けたという。ところが、「こんな山の中に回されて、私は見捨てられてしまった」と、Yさんは涙ながらに訴えられた。

「Yさん、それは大きな間違いですよ。ここは養生しながら、しっかりとリハビリをする所なんです。Yさんは、たすかる見込みがあるから転院することになったのですよ。心を前向きに切り替えましょう」と励ました。そして、おさづけを取り次いだが、Yさんの表情はまだすっきりしない様子だった。

○月×日

きのうの表情が気にかかり、きょうもYさんを訪ねると、ちょうど検査リハビリから戻ってきたところだった。「いかがですか？」と尋ねると、「変わりないね」とそっけない返事である。そこで私は、自らのリハビリ体験について話した。

七年前、横断歩道で暴走車にはねられて、右膝《ひざ》と右足首骨折という重傷を負い、四カ月間入院したことがある。そして、入院中はもちろん、退院後も一カ月間、懸命にリハビリに励んだ。つらい日も多く、医師からは「二度と正座はできない」と言われていたが、普通に正座できるまでにご守護いただいた。

この節《ふし》を通して、親神様のご守護と、かしもの・かりものの理を実感するとともに、体を自由に使わせていただける結構さ、ありがたさが身に染《し》みた。

話を聞くYさんの表情が、次第に明るくなっていくのが分かった。そして、快くおさづけを受けてくださった。

○月×日

三日目のおたすけでYさんを訪ねると、明るい声で迎えられた。

「昨夜はとてもよく眠れました。食事もおいしく頂くことができました。本当にありがたいことです。これからは先生の言われるように、前向きにリハビリにがんばります」とYさん。その表情から、二日前の暗さは消えていた。

○月×日

白川分院には、病棟と渡り廊下で結ばれた礼拝棟があり、その礼拝所に神実様《かんざねさま》が祀《まつ》られている。そこでは、朝夕におつとめが行われ、毎月第二土曜日には月次祭が勤められる。

祭典日が近づくと、病室を回って月次祭案内のチラシを患者さんに手渡しする。きょうはあいにくYさんは不在だったので、枕元《まくらもと》にチラシを置き、心の中で参拝してくださることを念じて退室した。

○月×日

月次祭当日。午後一時半の執行に合わせて、心勇んで祭典準備をさせていただく。雅楽の調べとともに開扉《かいひ》、献饌《けんせん》が始まると、患者さんたちが集まり始め、定刻には車いすが参拝場を埋めつくした。

おつとめが終わると、事情部講師による祭典講話、その後、おさづけの取り次ぎをさせていただく。Yさんも参拝してくださり、きょうは礼拝所でおさづけを取り次がせていただいた。Yさんをはじめ、入院している患者さんたちが、親神様のご守護を頂かれることを祈らずにはいられない。

○月×日

きょうは月に一度の「みんなで歌おう心のうた」の日。事情部講師が中心となって、毎月第一土曜日の午後二時から、患者さんと共に懐かしい唱歌や童謡を歌う会を開いている。

講師が奏でる楽器の演奏に合わせて、初めに『おやがみさま』を歌う。この後、『里の秋』『赤とんぼ』など季節にちなんだ曲が続く。大きな声で歌うことは治癒《ちゆ》力を高め、リハビリにも大いに役立つという。

一階と二階の食堂を交互に会場として開かれ、医師も看護師も共に参加する。なかには、ベッドに寝たままの患者さんもいる。皆さん、不自由な体にもかかわらず、大きな声で歌われる。

懐かしい歌に心が弾み、喜びいっぱいの表情の人、また涙をこぼす人もあり、皆で一緒に歌う素晴らしさを実感する。最後に『故郷《ふるさと》』を歌い終わると、Ｙさんの頬《ほお》にもひと筋の涙が伝っていた。

○月×日

Ｙさんを訪ねると、きのうの会の話題となった。

「私の若いころは、戦時中で何もかもが規制されていました。そのころの歌を歌うと、当時を思い出して、自然と涙が出てきます。私の青春の思い出です」と。そして、「あすからまた、リハビリに励みますね」とＹさんは話された。

白川分院では長期入院の患者さんが多いため、腰を据《す》えて親身のおたすけができるので本当にありがたい。親神様、教祖《おやさま》にお喜びいただけるよう、これからも精いっぱい、真実をもってつとめさせていただこうと心に誓った。

をびやにおかけくださる をやのお心

中《なか》尾《お》マキ子《こ》

天理市・天元《てんげん》分教会前会長夫人

○月×日

きょうから一カ月間の長期勤務が始まった。朝礼後、産科病棟に向かう。産科病棟でのおたすけは、長期勤務の講師が担当することになっている。

助産師さんの案内で陣痛室に入ると、陣痛が始まって三日目になるという三十代のNさんがおられた。

初産《ういざん》ということもあって、心配そうなまなざしのNさんに「十月十日《とつきとおか》の間、あなたの胎内に入り込んでお育てくださった親神様に、まずお礼を申しましょう。親神様を信じ、もたれていれば心配はいりません。安心してください」とお話をし、おさづけを取り次いだ。

看護師さんたちも、真剣に添い願いをしてくれた。

私は、陣痛室を出たその足で神殿へと向かった。

○月×日

Nさんは昨夕、男の子を無事出産された。長い長い陣痛から生まれ出た尊い命の誕生である。

私は「おめでとうございます。よくがんばったわね。授けていただいた喜びを忘れず、夫婦がたすけ合い、心を合わせて暮らすことが、子育てには何よりもの環境ですよ」と話をした。

母としての喜びが、満面に満ち溢《あふ》れていた。

○月×日

きょうは第四子を安産された三十代のTさんを訪ねた。Tさんは、をびや許しを頂いておられた。お祝いの言葉を掛けると、「先生、左足のふくらはぎに血栓《けっせん》ができて痺《しび》れ、動かすと痛むのです」と申され、おさづけの取り次ぎを願われた。

Tさんは膠原病《こうげん》のため、長年にわたりステロイド剤を服用されていた。その影響もあって、今回の妊娠では静脈瘤《りゅう》がひどく、産後二日目に脚《あし》に血栓ができたという。

それでもTさんは「脚で良かったんです。

肺にできていれば命にかかわりますし、頭なら場所によっては、どんな障害が残るかもしれません。おかげさまで大難を小難にしていただきました」と喜んでいる。

笑顔で話すTさんの前向きな明るい心が素晴らしく、こちらも心が洗われる思いがした。

私は三日間のお願いを定めて、おさづけを取り次がせていただくことにした。Tさんの脚はとても硬く冷たく感じた。

○月×日

二日目のおたすけにTさんを訪ねた。おさづけを取り次ぐと「先生、とっても気持ちがいいです」と喜ばれた。きのうは、あんなに硬く冷たく感じた脚が、きょうは柔らかく温かい。その脚をさすりながらTさんは、病気になってからこれまでのいきさつを話し始めた。

Tさんは「憩《いこい》の家」で看護師として勤めていたが、二十七歳のときに膠原病が発症した。尿が出ず、顔は大きく腫《は》れあがり、下半身はまるで象のようになった。原因不明の難病は、医師から死の宣告を受けるまでに至ったという。

その入院中に、初代事情部長の深谷《ふかや》忠政《ただまさ》先生のおたすけを頂き、「この病気は道一条で通らねばたすからないよ」と諭された。

Tさんは、思いきって「憩の家」を退職し、すぐに修養科に入った。

その後、詰所でひのきしんに励むなか、教会へ嫁ぐことになった。

結婚する以前は、何枚も釣書《つりしょ》を書いたが、「健康で丈夫な嫁を」との理由から、すべて断られたという。結婚をあきらめかけていた矢先、現在のご主人と出会った。

「君が難病と向き合いながら励んでいる信仰の喜びの心が羨《うらや》ましい。いまの自分には、その心が必要なんだ。どうか僕の力になってほしい」と、この言葉に深く心を動かされたTさんは、結婚を決意した。

治療を続けるなか、妊娠・出産は無理と言われながらも、ひたすら親神様、教祖《おやさま》にもたれきり、四人の子供を出産された。Tさん夫婦の信仰心と強い絆《きずな》に、私は身震いするほどの感動を覚えた。

二人の純粋な心と真面目《まじめ》な人柄、そして代を重ねて磨かれた魂の徳は、何ものにも替えがたいと思った。

○月×日

きょうは三日目のおたすけ。私はこの日を少し緊張気味に迎えた。

Tさんにおさづけを取り次ぐと、「先生、脚の痛みがなくなりました。おかげさまで、あす退院です。ありがとうございました」と、お礼を言われた。

ベッドサイドに連れてこられた赤ちゃんをやさしく抱きかかえながら授乳するTさん。母乳もいっぱい出ているようで、赤ちゃんもゴクンゴクンと元気よく飲んでいる。

私は、Tさん親子の微笑《ほほえ》ましい姿を眺《なが》めながら、ひとすじ心の真実をお喜びくだされる親神様、教祖の親心と、限りなきご守護の世界を目《ま》の当たりに感じた。

○月×日

きょう、Tさん親子は退院された。

私は産科病棟でのおたすけを通して、この世人間を創《はじ》め出されたをやなればこそ、をびやたすけには、特別の親心をおかけくだされていることを学ばせていただき、一層のご恩報じをと固く心に誓った。

人生を変えるたすけの綱

福田《ふくだ》　功《いさお》
鳥取市・聖山《せいざん》分教会前会長

○月×日

未信仰で八十代の男性Hさんの病室を訪ねた。自宅で転んで股関節《こかんせつ》を骨折し、三日前に手術を受けられた方である。

ベッドの傍らにはパジャマ姿の男性が座っている。五十代でHさんの息子さんだという。息子さんの第一声は「ここはすごい病院ですね」であった。

「どうされたのですか?」と尋ねると、「実は、手術の付き添いに来たのですが、父が手術室に入るのを見送ったとたんに、私も気分が悪くなり倒れてしまったんです。診察してもらったところ心筋梗塞《しんきんこうそく》と分かり、すぐに心臓カテーテル治療を施してもらいました。主治医の先生からは『お父さんが骨折していなかったら、あなたはどうなっていたか分かりませんよ』と言われました。おかげさまで、親子ともどもたすけていただきました」と答えられた。

そしておもむろに、「親父《おやじ》も俺《おれ》も頑固だけど『癖《くせ》、性分《しょうぶん》を取りなされや』ということだから、お互い頑固な性分を取ろうな」とHさんに声を掛けられた。病棟の廊下に掲げられた『教祖《おやさま》のお言葉』を見たのだという。

私は「この病室からは神殿、教祖殿が一望できます。親子ともどもにたすけていただいたのですから、毎日拝をしてお礼を申し上げてください。できれば参拝にも行ってくださ い」と申し上げておさづけを取り次いだ。

○月×日

Hさんの病室に入ると、きょうも息子さんがおられ、私の顔を見るなり、「先生、先日父と一緒に参拝に行ってお礼を申し上げてきました。ありがとうございました」と言われた。

私は「いまのお気持ちを忘れずに、家に帰られてからも、近くの教会にぜひ参拝してくださ い」とお願いした。

○月×日

事務室の電話が鳴り、事務職員から「電話

相談お願いします」と言われ、相談室の受話器を取った。五十代の女性からの相談であった。

「どういうご相談ですか?」と尋ねると、

「私の主人は近所でも評判の頑固者です。娘は関東方面に嫁いでいて子供が二人いますが、きょうまで一度も里帰りをしていません。それどころか、『お母さん、あんなお父さんとは早く離婚して、こっちへ来て孫のお守《も》りをしてほしい』とまで言います。家の中は真っ暗で、息子に嫁ももらえません。こんな状態からたすけていただきたいのですが、どうすればよいのでしょうか」とのことである。

この女性は未信仰の方ではあるが、ご主人が毎月「憩《いこい》の家」を受診されており、いつも『天理時報』を買って帰るという。電話相談のことは広告欄で知ったそうだ。

私は「毎日、家の中が真っ暗では大変ですね。人は鏡です。家が真っ暗なのは、あなたの暗い心が映っているからではないでしょうか。自分の心にあるものが、自分の目に映るのです。あなたの心を、暗い、つらい心から明るい心へと切り替えたなら、相手の心も明るくなります。まずはあなたの心を切り替えることですね」と話した。

「どうやって切り替えるのですか?」

「一日一善。どんなことでもいいから、人さまが喜んでくださることを毎日一つ実行する。

たとえば、知人のお宅へ行ったとき、玄関の下足が乱れていたとすれば、それを直してから『こんにちは』とあいさつをする。そんな些細《ささい》なことからでも始めてみてください」

「やってみます。でも、これからも毎月アドバイスを頂きたいと思いますので、先生のお名前を教えてください」

私は名前と勤務日を教え、その方の名前がWさんだということも聞いた。

○月×日

「福田先生、いつもの方からの電話ですよ」

Wさんからの電話相談は毎月のことになり、事務職員も手慣れたものだ。

「先生、友人から『あなた、このごろ顔が明るくなったね。どうしたの』と言われました。一日一善の積み重ねが顔を明るくするんですね。続けるのは大変でしたが、友人のひと言で勇気が出ました。がんばりますので、今後もアドバイスをよろしくお願いします」

きょうの電話相談は、嬉《うれ》しい報告だった。

○月×日

Wさんから電話がきた。受話器の向こうに泣き声が聞こえる。私は一瞬ドキッとした。

「もしもし」と言うと、すぐさまWさんは「ありがとうございました。きのうの夕飯のとき、主人が急に『こんな俺によく仕えてくれた。おまえのおかげできょうまでやってこれた。これからもよろしく頼む。長生きしてくれ』と、涙を流して頭を下げてくれたんです。先生に相談させていただくようになって一年半、一日一善で私の心も明るくなり、その心が映って、主人の心も立て替わったんだと思います。先生、なせば成るんですね。本当にありがとうございました」と泣きながらお礼を言われた。

結局Wさんとは一度も顔を合わすことのない、電話のみでのおたすけであった。

たとえ一本の電話でも、人生をも変える、親神様からのたすけの綱となり得るのだ。

たすかる心〝素直な心〟

小阪京子《こさかきょうこ》
和歌山県田辺《たなべ》市・文里《もり》分教会前会長夫人

○月×日

きょうは、「外来相談」に来《こ》られたAさん夫婦の相談に当たった。

Aさんは四十代の男性で、夫婦ともよふぼくである。悩みは職場での上司との関係についてであった。

これまでも何度か上司から暴力を受けてきたAさん。今回は顔面を蹴《け》られ、鼻を骨折したそうだ。「もう職場には戻りたくない」とふさぎ込んでいたところを、奥さんがおぢばへ連れ帰り、思い切って相談に来られたという。

私は「よくおぢばへお帰りくださいましたね。節《ふし》は、心の切り替えをする旬です。酷《ひど》い目に遭《あ》われて大変でしたでしょうが、こうして心配してくださる奥さんがおられることが、何よりもありがたいことですね。あなたは幸せですよ」とお話しした。するとAさんは急に泣きだされ、「昔のことを思い出したんです」と、ハンカチを掛けたご自分の左手首に目を落とされた。

若いころに事故で左手を傷めたAさんは、不自由になった手で仕事に励んできたという。奥さんはそのことを承知のうえで、Aさんを婿《むこ》養子に迎えたそうだ。互いの深い愛情で、これまで支え合ってこられた。

Aさんは「もう一度がんばってみます」と元気に答えてくださった。

○月×日

あの相談から三カ月、Aさん夫婦が訪ねてこられた。

Aさんは、元の職場に復帰して勇んで勤務していると報告してくださった。私は本当に嬉《うれ》しくなって、早速、親神様、教祖《おやさま》にお礼を申し上げた。

外来相談でのひと言のお話が、その人の人生をも変える大きなおたすけになることを、あらためて実感させていただいた。

○月×日

未信仰で七十代の女性Sさんは、子宮がんを患って入院しているが、手術はできないということで、放射線治療を受けておられる。

きのう、Sさんが腹痛でお腹《なか》を押さえてうずくまっていたとき、通り掛かった講師がおさづけを取り次いだ。すると、瞬く間に痛みが治まったという。感激したSさんは、おさづけを毎日取り次いでほしいと願われ、長期勤務の私が「毎日おたすけ」を担当することになった。

早速Sさんを訪ねると、「おさづけのおかげで痛みもなくなり、楽に休ませてもらいました」と喜んでおられた。

私は、ご存命の教祖がおはたらきくださることをお話しして、お腹におさづけを取り次いだ。

○月×日

六階にあるSさんの病室からは、神殿西礼拝場がほぼ正面に見える。

神殿を眺《なが》めながら、「憩《いこい》の家」が、病む人が心身ともに憩い、さらには陽気ぐらしへと歩んでいただくことを目的に創設されたことをお話しした。Sさんは「ここはありがたい所ですね」と感心しながら聴いておられた。

私は「Sさんにとって、病むことは不都合なことでしょうけれど、神様が大きな親心をもって陽気ぐらしへと導いてくださっていることに気づくと、病気もありがたいものとなりますよ」と励ました。

○月×日

年の瀬が近づき、「お正月は家で過ごしたいけれど、『いまの状態では外泊できるかどうか分からない』と言われました」と、Sさんは少し残念そうに話された。

私は「神様は心一つで自由自在《じゆうようじざい》のご守護を下さいます。憩の家では『みかぐらうた』が毎朝十時から放送されていますから、聴いてみませんか。きっと神様がお喜びくださいますよ」と勧めてみた。

このみかぐらうたの放送は、初代事情部長の深谷《ふかや》忠政《ただまさ》先生が、御用で不在にする間おたすけができないため、末期がんの患者さんにみかぐらうたのテープを毎日聴いてもらったところ、見違えるように元気になったことから、全病室で聴けるようにされたものだ。

Sさんは「聴かせてもらいます」と素直に聞き入れてくださった。

○月×日

「きょうは不思議なことが起こりました」と、Sさんは嬉しそうに話された。

トイレに行った際、黄色ともピンクとも言えないような下《お》り物が次々に出たそうだ。あまりにも不思議なので自分の手で下り物を受けて、じっくり眺めてみたところ、がんが出ていったように感じたという。しかもお腹の痛み、しこりもなくなったと聞いて、私は、これこそ親神様の不思議なおはたらきだと確信した。

○月×日

きょう、Sさんが退院された。

「お正月には外泊できればいいと思っていたのに、退院できることになり、こんな嬉しいことはありません。ありがとうございました」と喜びいっぱいでお礼を言われた。また、先日の下り物については、医師から「それはSさんが病気に勝った証《あか》しですね」と言われたそうだ。

私は、Sさんの素直な心に親神様、教祖がおはたらきくださったのだと思った。そして、つとめとさづけの理の尊さに、あらためて感じ入った。

絶望のふちで取り戻した夫婦の絆

若林三郎《わかばやしさぶろう》
大阪市鶴見《つるみ》区・澱南《でんなん》分教会前会長

○月×日
前立腺《ぜんりつせん》肥大症の手術を受けた五十代の男性、教会長のSさんを訪ねた。

顔色も良く、健康そうに見えるが、悩みごとでもあるのか、浮かぬ顔をしている。話を伺うと、手術は成功したものの、手術前の検査で糖尿病が判明し、手術ができるまでの間、内分泌《ないぶんぴつ》内科で治療を受けていたという。

「糖尿病と分かって良かったんです。知らないまま放っていたら、恐ろしいことになります。この機会に、あなたの病名を皆さんに知ってもらったらどうですか？」と話すと、Sさんは「先生は糖尿病でないから、そんな他人事のようなことが言えるんです」と血相を変えた。

糖尿病は、かつては「贅沢病《ぜいたくびょう》」と呼ばれ、周囲から偏見の目で見られてきた。最近でこそ、遺伝的な要因もあると考えられるようになってきたが、糖尿病を患う人にとっては、いまだ周囲の目が気になり、ましてや人を導く立場であれば、どう悟っていいのか迷ってしまう。

「お気持ちはよく分かります。実は私も糖尿病なんです。この二十六年の間には、失明の危機に陥ったこともありました」と私の体験を打ち明けると、Sさんは急に親近感を示すようになった。

「親戚《しんせき》や信者さんの中にも、きっと一人や二人はおられるはずです。隠して通るような心では、陽気ぐらしはできません。糖尿病を患った者でないと、その気持ちは分かりません。同じ病気で苦しむ人をたすけるという自負心を持てば、きっと神様の思召《おぼしめし》が悟れるようになりますよ」と励ました。

Sさんの表情に明るさが戻り、「おかげで胸のつかえが下りました」と、元気な声が返ってきた。

○月×日

知人から依頼を受け、四十代の女性Aさんの病室へ向かった。Aさんは末期の大腸がんで、これ以上の治療は望めないという。特に、ご主人が絶望感に打ちひしがれているとのことだった。

病室へ入ると、人形のようにベッドに横たわるAさんがいた。少しの髪の乱れもなく、とても末期の患者さんとは思えなかった。対照的に、窓際には夫と思われる男性が、うつむいたまま、いすに腰かけていた。その姿に、夫婦間のただならぬ気配を感じた。

「私はもう覚悟ができています。息子にも遺言しておきました」と、憂《うれ》いの表情をまとったく見せないまま、Aさんは淡々と話された。

私は「出直しを受け入れようと心を律している、あなたの姿勢は立派です。でも、人には最期《さいご》まで果たすべきつとめというものがあります。子供にとっては母親であり、ご主人にとっては妻です。神様は『夫婦は一つの理』と仰せられ、夫婦が苦楽を分かち合い、心を一つにして通ることが大切だと教えてくださっています。もう少し胸の内を開いて、ご主人に甘えてみてはいかがですか?」と促した。

しばらく考え込むAさんを、少しでも和《なご》ませようと指圧を申し出た。ゆっくり足の裏を揉《も》んでいると、気持ち良さそうな顔をするAさん。私は、ご主人に「私よりあなたが揉むほうが、奥様も喜びますよ。ツボを教えますから、一緒にやりましょう」と水を向けてみた。一緒に指圧をしながら、Aさんと、そしてご主人とも次第に打ち解けていった。

○月×日

二日後、再びAさんを訪ねた。部屋に入るなり、Aさんのほうから、これまでのいきさつを話し始めた。

建築関係の仕事をしているAさんのご主人は、一カ月ほど前から仕事を休むようになり、病院へ見舞いに来るたびに元気がなくなっていったという。片やAさんは、夫に余計な心配をかけてはと気を使ううち、誰《だれ》にでも頑《かたく》なな態度をとるようになっていった。

「先生、主人がいきいきと足を揉んでくれる姿に胸がいっぱいになりました。あれから主人と私は、元のように話し合える夫婦になりました」と、目を潤《うる》ませながらAさんは話した。

「私たちの体は神様からお借りしています。そして、神様のはたらきが体の中に入り込んで、私たちを守ってくださっています。また『心一つが我がの理』と教えてくださるように、心遣いを変えることで、運命が切り替わるのです」とお話をした。その間、Aさんは目を閉じて聴き入っていた。

○月×日

朝礼後、Aさんを訪ねると、突然、きょうの夕方に退院することを告げられた。

「主人が、あすから仕事に行くと言いますので、私も帰ります。まだ家の中なら十分歩けます。せめて主人の弁当だけでも作ってあげたいんです。私、妻ですもの。いつまで続けられるか分かりませんが、これからは神様にお願いして、素直な心で通ります。先生とお会いできて本当に良かったです」と涙ながらに話し、おさづけの取り次ぎを願われた。

取り次ぎが終わると、Aさんは、まなじりから溢《あふ》れ出る涙を押さえながら、「生きる力を頂きました。これで、がんばれそうです」と話した。私はAさんが差し出した手を握り、「私も陰ながら、神様にお祈りいたします」と約束した。

その足で本部神殿へ向かった私は、教祖殿でぬかずきながら、「Aさんとご主人をいつまでもお見守りください」と、一心にお願いしていた。

夕日がきれいだと明日は晴れ

中山節男《なかやませつお》
静岡県掛川市《かけがわし》・名陽《めいよう》分教会前会長

○月×日

きょうは、事情部の主催で毎月開催されている「看護師勉強会」で講話を務めた。「憩《いこい》の家」に勤務する四十人ほどの看護師に、「私の信仰」と題して「明るい心・温かい心・低い心」について話した。

その後、看護師の一人が「この勉強会は、ほっとできる時間です。業務に追われる日々の中で、お話を聞かせてもらうと心温まり、癒《い》やされます。そして、またがんばろうという気になります」と感想を述べてくれた。

その言葉に、身上《みじょう》部・事情部・世話部の三部が鼎立《ていりつ》する「憩の家」なればこその良さを感じとることができた。

○月×日

白川《しらかわ》分院を退院して独り暮らしをしているMさんに会った。Mさんは七十代の女性よふぼくで、三年前にギラン・バレー症候群を患い、その後、リハビリのために白川分院に入院していた。

Mさんが退院するにあたっては、どんな境遇であろうともたすけの道にいそしむことが大切であると話した。そして自分の心境を手紙にしたため、お道のリーフレットを同封して、毎月、親戚《しんせき》や友人、知人に送ることを勧めた。

あれから丸三年、Mさんは病気が再発することもなく、毎日を楽しんで暮らしておられる。「手紙でのにをいがけを続けることで、心許せる友人が何人もできました。これも病気のおかげ、『憩の家』に入院したおかげと、神様に感謝しています」という弾んだ声に嬉《うれ》しくなった。

○月×日

七階講堂での夕づとめ後、参拝していた中年の婦人から声を掛けられた。

「お医者さんから、親族を呼ぶように言われましたが、神様に主人をたすけてくださいとお願いするのは、無理な願いなのでしょうか？」

そのすがりつくようなまなざしに私は、

「最愛のご主人のことです。神様にお願いするのは当然です。私も毎日おたすけに運ばせていただきます。でも、経験を積んだ医師の言うことですから、親族を呼びましょう」と申し上げた。

「ありがとうございます。そうさせてもらいます」と答えた婦人に、あす病室へ伺うことを約束した。

○月×日

婦人との約束通り、Eさんを訪ねた。Eさんは五十代で、一年ほど前に腎臓がんを患い、自宅近くの病院で片方の腎臓を摘出する手術を受けた。その後、脳や肺、骨にまで転移していることが分かり再入院。できる限りの治療を受けてきた。

信仰熱心な奥さんは、一縷《いちる》の望みを託し、出直すことも覚悟のうえで、無信仰のEさんと二人で修養科へ入られた。一カ月間、必死になってがんばってこられたが、病状が悪化して、きのう「憩の家」へ入院となった。

苦しそうに呼吸するEさんに、私は懸命におさづけを取り次いだ。

○月×日

きょうEさんは、肺に溜《た》まった胸水を抜いてもらった。少し息が楽になったEさんは「おまもりを頂きたい」と奥さんに話されたという。さらに「お前、布教してくれ」と。このような心にさせてくれる親里ぢばは、本当に素晴らしい。

○月×日

きょうEさんは、車いすで奥さんと共に本部へおまもりを頂きに行かれた。いつ痰《たん》が詰まって呼吸困難に陥るか分からないので、酸素ボンベ、痰を吸引するバキュームの機器を持参し、医師一名、看護師三名に詰所の教養掛が付き添うという万全の態勢である。

神殿に参拝した後、教祖殿御用場にて無事おまもりを頂くことができた。不思議なことに、その二時間ほどの間は、一度も痰を取らずに済んだ。頻《しき》りに痰が詰まって、普段はバキュームを手放せないのが嘘《うそ》のようだった。

私は、「憩の家」ならではの親切と思いやりの心を、ご存命の教祖《おやさま》がお受け取りくださったのだと思った。

○月×日

Eさんの病状は、予断を許さない状態となった。私は、昼三回、夜三回のおさづけの取り次ぎを心定めした。

付き添う奥さんは、看病で大変ななかにもかかわらず、見舞いに来る親族の方々を次々と本部へ連れて行き、案内をしながら教えを伝える毎日を送っている。

私はその一途《いちず》な姿に胸が熱くなった。

〇月×日

医師が「親族を呼ぶように」と言うほどの切迫した状態から、ちょうど一カ月間命を永らえていただき、Eさんは出直された。奥さん、娘さん、兄弟、親族に感謝しながら、笑みを浮かべての、実に安らかな出直しであった。

私は奥さんをねぎらうとともに、「夕日がきれいだと明日《あした》は晴れです。ご主人の来生は、きっと晴れの人生になるに違いありません」と餞《はなむけ》の言葉を贈った。

夫婦で修養科へ入ったこと、精いっぱいの看病ができたこと、いろいろな人たちと出会えたこと、親族におぢばを案内できたことなど、この二カ月間のおぢばでの充実した生活が、今後の奥さんの人生に必ず生かされると、私は確信した。

再確認したおぢばの理の尊さ

寺澤秀年《てらさわひでとし》
東京都中野区《なかの》・祝田《いわいだ》分教会前会長

○月×日

自宅の階段から転げ落ちて、骨折しただけではなく、脊髄《せきずい》の神経も傷めてしまった還暦間近の男性、Bさんを訪ねた。

入院して四カ月になるが、まったく下半身が動かない。病室へ伺うたびに「もうだめかもしれません」と弱音を吐かれる。何とか良くなってもらいたいと思うが、症状に何の変化もない。

そんなBさんの顔を見るのが、私はつらかった。

○月×日

本部神殿でBさんのことをお願いしてから

病室を訪ね、奇跡的なご守護を頂いた知人の話をした。

その男性は、ビルの外壁塗装の仕事をしている最中に、足を滑らせて七階から地面に落下した。複数の内臓損傷に加え、手、足、腰を複雑骨折し、脊髄の神経が切断されていた。「一両日中がヤマ」と診断され、家族が呼ばれたが、幸いにも危機を脱した。しかし、命は取り留めたものの、それ以後、寝たきりの身となった。

ところが、事故から三年経《た》ったある朝、いつも通りに病室で目を覚ましたら、ふと「足が動くかもしれない」と思った。何の疑念も抱かずに足を動かしたところ、少し動いた。

さらに、「これなら立てるかもしれない」と思い、体の向きを変え、懸命に足を床に下ろし、ベッドの柵《さく》に手をかけて力を入れたところ、不思議にも立つことができた。

この奇跡に、本人は言うまでもないが、涙々の大歓声が病室に湧《わ》き上がった。

それから彼は、つらく厳しいリハビリに励み、足は引きずるものの杖《つえ》なしで歩けるようになり、いまでは詰所の外壁塗装のひのきしんができるまでに回復している。しかし、神経はいまでも断絶したまま。医師は「奇跡の生き証人」と驚嘆するばかりである。

この素晴らしいご守護の陰には、いまは亡き彼の両親の、人目には分からない徹底したつくし・はこびがあった。私はこの点も含めて、親神様の自由自在《じゆうようじざい》のご守護についてお話しした。Bさんは真剣なまなざしで、私の話を聞いてくだされた。

○月×日

Bさんに知人のことを話してから数日が経つ。きょうはBさんに、核心に触れる話をさせていただこうと思い訪室した。Bさんの目は、「もうだめかもしれない」と弱音を吐いていたときとは違っているように見えた。

私は、両足におさづけを取り次がせていただいてから、無神論者であるBさんに語りかけた。

「私たち人間は、何のために生まれ、何のために生きているのでしょう。人間として生まれながら、何のために生まれてきているのかということを知らずに生きるとしたら、人生は随分不確かなものだと思いませんか」

この設問に、Bさんは軽くうなずいた。

「人間は、親が勝手に産んだのでもなければ、偶然この世の中に存在したのでもありません。この世の元初《もとはじ》まりに、親神様が人間をお創《つく》りくだされた目的はただ一つ、陽気ぐらしであり、私たちは陽気ぐらしをするために生まれ、毎日を生きているのです」

さらに、「人間は、元初まりから長い年月、親神様が親心込めてご守護くださり、だんだんとお育てくださって、ようやく今日の人間になったのです。この並々ならぬお心尽くしを頂いたが故の私たち人間であり、私の生命《いのち》なんです。だから信仰とは、いまある生命に心から感謝することであって、神仏に願い拝むことではありません。天理教とは生命の本《ほん》真実《しんじつ》の教えなんですよ」と話した。

そして、「私はうつ病や痔瘻《じろう》など十指に余る病気をしましたが、すべてご守護いただきました。しかし何よりありがたいことは、この信仰によって人生の意義・目的を知り得たことです」と、元の理に基づく価値観・人生観を熱く語った。

○月×日

Bさんに元初まりの話を伝えてから、一週間ぶりの勤務となった。Bさんのことを気にかけながら病室へ向かう途中、廊下で、「先生、先生」と大声で呼び止められた。振り返ると車いすに乗ったBさんだった。

「先生、足が動くようになった」と叫んで、足の指をかすかに動かして見せた。

「三日前の夜中、足にだるさを感じて、目を覚ましました。そして、足を動かしたら動いたんです」と、嬉《うれ》しさのあまり一気に状況を説明してくれた。

私とBさんは、「良かった、良かった」と、手を握り合ったまま感涙にむせんだ。

○月×日

Bさんを訪ねると、「今度はこうして両脚《あし》を開いたり閉じたりできるようになりました」と目を輝かせながら、何度もその動作を繰り返した。

目に涙をたたえながら話すBさん。そこには、もうかつての、失望した暗い顔はなかった。

四カ月間微動だにしなかった足が動くという、こんなにも鮮やかなご守護を見せていただけたのは、人間を宿し込まれたぢばにある「憩《いこい》の家」だからこそと、その理の尊さをあらためて強く実感させていただいた。

教祖は先回りして
ご守護くださる

三鬼勢都子《みきせつこ》
三重県尾鷲《おわせ》市・三木ノ浦《みきのうら》分教会長夫人

○月×日

教会の御用と、寝たきりになって三年になる義母の世話を済ませて、教会を出たのは夜の十時を回ったころ。おぢばに着いたのが深夜の二時だったので、駐車場で仮眠を取ってから事情部へ出勤した。

朝礼後、Eさんを訪ねた。Eさんは五十代の未信仰の女性。乳がんが脊髄《せきずい》をはじめ体全体に転移している。麻痺《まひ》がひどく、自分で動かせるのは手だけという状態だ。

「いまモルヒネを打ってもらったから、頭がボーッとしてるの」とEさんは言う。

「それじゃ、またにしましょうか」と聞くと、

「いいんです。私には、一日がとても長く感

じるのです。先生とお話ししていると、元気だったころの自分に戻れます」と言われる。それから三十分くらい、Eさんは友達との楽しい日々のことを、目を輝かせながら話してくれた。私はうなずきながら聞かせていただき、おさづけを取り次いで部屋を後にした。

○月×日

きょうのEさんは表情は明るいが、なんともいえない目をしていた。すると、Eさんは「十年間がんと闘ってきて、もう疲れました」と、生きることのつらさをぽつりぽつりと語りだした。

Eさんは、発病してから今日まで、抗がん剤や放射線など、あらゆる治療を受けてこられた。長年の闘病生活は家族の支えがあったからこそ、ここまでがんばってこられたと言う。そして「家族にこれ以上苦労をかけたくないから、ホスピスに行くことにしました」と告白した。

私は、Eさんの選んだ生き方に共感し、「体は神様からのかりもの。何歳まで生きたかということよりも、どのように生きたかということが大切だと思うよ」と励ました。

○月×日

Nちゃんのおたすけに向かう。Nちゃんは五歳になる未信仰家庭の女の子。髄膜炎《ずいまくえん》を発症し、一カ月間、ICU（集中治療室）で過ごした後、小児病棟に移ってきた。入院してから眠り続けている。

病室には、Nちゃんが好きだったという曲が流れている。傍らに付き添う母親は「この曲を聴かせていたら、意識が戻るような気がするんです」と言う。

私は「Nちゃんが聴きたいのは、音楽よりも、『Nちゃん起きて！　もう一度「ママ」と呼んで！』というお母さんの声ではないですか。それがNちゃんの命を、魂を揺さぶるのだと思いますよ」と話した。そのとき母親の顔がパッと変わり、希望に満ちた表情になった。

○月×日

Nちゃんは、手足に少し反応が見られるようになり、よだれが出るようになった。あれから毎日、母親はNちゃんに声を掛け続けている。

病室に赴《おもむ》くと、床頭台《しょうとうだい》に置かれたオレンジのゼリーが陽《ひ》の光を受けて光っているのが目に入った。

「たったいま、この子がゼリーをひと口、ツルンと飲み込んだんです」と、母親は涙ながらに話してくれた。「良かったね！」と手を取って喜び合い、そして「懸命の治療を受け、お母さんのいっぱいの愛情を注いでも、人間の力には限界があります。神様のお力を頂きましょうね」と話し、おさづけを取り次いだ。

以前はおさづけに無関心だったNちゃんの母親は、いまでは一生懸命に添い願いをしてくれるようになった。

○月×日

入院から三カ月余り、Nちゃんはリハビリ専門の病院へ転院することになった。意識は戻らないままであるが、目は開き、ときどき車いすで散歩できるまでにご守護いただいた。

「大変お世話になり、本当にありがとうございました」と母親からお礼の言葉を受け、また必ず元気な姿を見せてくれることを約束して見送った。

○月×日

Nちゃんが検査のために再入院していると聞き、病室を訪ねた。退院してから半年近くが過ぎている。

病室には車いすの少女がいるだけで、ベッドには誰《だれ》もいなかった。部屋を出ようとしたところ、母親が入ってきた。

「先生、Nに会ってくれた？　車いすに乗っているのがNよ」と言う。私はNちゃんの顔を見て驚いた。「先生にNを見てほしかったんです。いまでは部屋の中を這《は》いずって遊ぶんです。養護学校へも行っているんですよ」と教えてくれた。

「お母さん、よくがんばったわね！」と言った後、言葉にならず「ワーッ」と抱き合って喜んだ。そして、きょうまで神様から頂いたご守護を決して忘れないことと、母親が心をしっかり持って子育てすることが大切であるとお話しした。

私はこのようなおたすけの喜びを味わわせていただけることに感謝した。

事情部に勤めさせていただくようになって、以前より忙しくなったにもかかわらず、教会の御用や義母の世話、また事情などが、まるでジグソーパズルのピースを合わせるかのようにうまく治まっていく。いつも教祖《おやさま》は先回りしてご守護くださっていると、実感させていただいている。

これからもなお一層、布教師として教祖のひながたを求めて歩み続けたい。

しあわせの心　Ⅰ

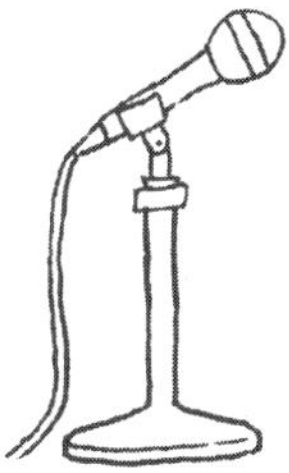

生きていることの素晴らしさ

谷《たに》岡《おか》元《もと》喜《よし》
天理市・本部准員・尾張《おわり》分教会前会長

朝、目が覚めたとき、ありがたくてありがたくて涙が出た、という経験はありませんか？　私は以前、大きな手術を受けて命をたすけられたことがあります。そのあとにはよく涙で枕《まくら》を濡らしましたが、いまではそんなことはすっかり忘れてしまっています。これはちょっと情けない話です。

しかし、そんな経験のない人にとっても、朝目が覚める、きょうも生きているという当たり前のように思えることが、実は当たり前ではないのです。

それは、目が見えること一つをとってもよく分かります。子供のころ、目やにがいっぱい出て目が開かなくなったことがありました。私は目が見えなくなったと思って、泣き叫んで母を呼びました。母が飛んできて、目やにを拭《ふ》き取ってくれて、瞼《まぶた》が開いて見えるようになったときには本当にほっとしました。

またある時、キャンプに行くのに、懐中電灯を持っていかなかったばかりに、まったくの闇夜《やみよ》の世界に閉じ込められ、途方に暮れたことがあります。周囲に電灯がなく、暗いということはこんなにも不自由なものかと実感しました。

私は現在、遠近両用の眼鏡《めがね》をかけています。遠くも近くもよく見えますが、ひとたび眼鏡をはずすと、遠くはボーッとしていますし、近くの小さな文字も読めません。それでも、遠くも近くも見えるということは、どんなに素晴らしいことかと思うのです。

耳についても同じです。私の知り合いに補聴器を使っている方がおられます。補聴器を常時つけていると、いらない音も耳に入ってきて喧《やかま》しくて仕方ないので、必要なとき以外はつけないそうです。その話を聞いて私は、聞こえるだけでも素晴らしいことだけれども、不要な音は聞こえずに必要な音だけが聞こえるという耳のありがたさを、あらためて感じました。

食べることもそうです。「あー、おいしかった」と箸《はし》を置いたあと、自分で意識しなくても、食べたものが食道を通り、胃で消化してくれて、腸で栄養を吸収してくれます。

私はいまから十八年前、修養科の掛長として一期講師の先生方に説明をしている最中に、突然頭の中が真っ白になり、何も考えることができなくなりました。話そうと思っても話は出てきません。顔面蒼白《そうはく》となった私を見て、受講中の知り合いの方が二人走ってきて、体を支えて教室の外に連れ出してくれました。その途端、真っ赤な血をバケツに半分ほども吐いて、私は救急車で病院に運び込まれました。内視鏡で胃の中を見ると、太い動脈が三本切れていて、そこから噴水のように出血していました。胃穿孔《いせんこう》という、潰瘍《かいよう》のひどい状態だったことが分かり、緊急手術となりました。「今晩が峠《とうげ》です」と、息子は医者から言われたそうです。

お腹《なか》を開けてみると、私の胃はがんに侵されていることが分かり、胃の摘出手術を受けました。このときはおかげさまで命をつないでいただきましたが、どうも回復が思わしくないと思っているうちに、他の臓器にまでがんが広がっていることが発見され、再度手術を受けました。以来十八年間、私のお腹に胃はありませんが、最近では、人から言われないと、胃がないことを自分でも忘れてしまっているほど不自由なく過ごしています。

平素は何げなく暮らしていますが、人生について静かに考えますすと、体のことを少し考えただけでも、普段の生活が非常にありがたいと感じます。さらに、私たちを取り巻く現在の状況を見るとき、どれだけ素晴らしい世界に生かされていることかと思わずにはいられません。

少しばかり時代をさかのぼりますと、大阪から東京へ行くのには何日も歩かねばなりませんでした。また、少し雨が続くと川止めですし、道中には追いはぎに遭《あ》う恐れもありました。それに比べたら、新幹線で行ける現在はまるで夢のようです。

食事にしても、日本食はもちろんのこと、中華料理、フランス料理、イタリア料理と、世界中の料理を食べることができます。家の中の冷蔵庫を開ければ、これまた世界中の食材が並んでいます。父はよく、「徳川家康《とくがわいえやす》や豊臣秀吉《とよとみひでよし》のような超権力者でも食べられなかったご馳走《ちそう》が、簡単に食べられる」と言っていましたが、現代に暮らしている私たちは本当に恵まれています。

余談ですが、父にとっての「超権力者でも食べられなかったご馳走」とは、パンと牛乳でした。ある方が、父に「きょうはご馳走があるから食べていけ」と言われて喜んで待っていたら、パンと牛乳しかなくてがっかりしたという話を聞いたことがあります。いま私がお客さんに、ご馳走があるからと言ってパンと牛乳を出したら、ばかにしているのかと怒られるかと思いますが、それほど現代は恵まれているのです。

このように、少し視点を変えると、体の機能から生活環境まで、ありがたさに満ちていることに気づきます。これらのことを当たり前と考えず、ありがたいと受け止めて感謝し、さらにはご恩返しを念頭に置いて暮らすなら、人生は一層充実したものになると思います。ちょっとしたことにも不足をする、不平不満に満ちた暮らしに比べたら、どんなに素晴らしいことでしょう。

そのためにはまず、夜寝るときに、きょうも一日生かしていただいたことにお礼を申し上げることです。私たちの体内では四六時中、休むことなく、さまざまな臓器がはたらいてくれています。目が見えなくなっても大変ですが、それ以上に、心臓が止まって死んでしまったら、目も見えず、耳も聞こえず、手足を動かすことさえできません。かわいい孫に会うこともできませんし、妻とテレビドラマを見ながら語り合うこともできません。

きょう一日生かしていただいたことを、心からお礼申し上げて眠りにつきましょう。そして朝目覚めたとき、「さあ、やるぞ!」と、自分に気合を入れましょう。顔を洗ったら鏡を見て、感謝の心でにっこりと笑いましょう。「主人が私を好きになってくれたのも無理はないわ」と、自分の顔にうぬぼれても結構です。自分の良い点に目を向けて、自信を持ってきょうの問題に立ち向かっていくことです。

そのとき、自分のことばかりでなく、周囲の人と手を携えて前進することも考えたいものです。自分のことのみを考えるところに、世界の闇は広がります。親神様に生かしていただき守られていることに感謝し、手を携えて互いにたすけ合って歩むところに、明るく輝かしい明日が広がってくるのです。

素晴らしい体に感謝を

大石《おおいし》繁位《しげのり》
浜松市南区・薫浜松《かおるはままつ》分教会前会長

きょうは、人間の体について考えてみたいと思います。

体は一人ひとり、みんな違います。あらためて考えてみますと、本当に不思議なことです。皆さんは、自分の体を気に入っておられますか？

私の身長は現在、一五二センチメートルです。小学一年生のときは、全校生徒の中で前から二番目でした。友人の一人が「鉄棒にぶら下がる回数が多いと背が伸びるよ」と教えてくれましたので、お天気の良い日は毎日のように、「背よ、高くなれ、高くなれ」と願いながら鉄棒に向かっておりました。

おかげで六年生のときには、鉄棒は全校で一番うまくなりました。しかし身長は、願いと努力のかいなく、相変わらず前から二番目でした。父は私の目の高さ、母は私の鼻の高さでした。両親の身長から考えれば私の背が低いのは当然であり、むしろ数センチメートルでも高くしていただいたことを感謝すべきなのでしょう。

私は名古屋で生まれ育ちました。十八歳のとき、縁あって天理教の教会にお引き寄せいただき入信しました。その教会には、私の幼児時代、隣の家に住んでいたおばちゃんがいて、「繁《しげ》ちゃんは、小さいときのあだ名は〝二時間泣き〟と言われていたんだよ。覚えてるかね?」と言われました。泣きだしたら二時間は止まらなかったそうです。

私はほとんど覚えていません。戦争やら空襲やら食糧難やらの思春期を過ごしてきましたので、幼児時代のことは忘却の彼方《かなた》でした。しかし、その〝二時間泣き〟のおかげで、私の声帯はいまも人一倍健全で大きな声が出ます。かれることも知りません。世の中、何が幸いするか分からないものです。

父の頭は禿《は》げておりました。私も頭が禿げる遺伝子を父親からもらっています。私の頭は父の年齢より十年早く禿げだしました。

私は昭和二十七（一九五二）年、二十一歳のときに浜松市へ布教に出ました。当時は道路が舗装されておらず、オートバイが走ったり車が通ったりすると、砂ぼこりがもうもうと立ちました。その中を一日中布教に歩くと、夕刻には頭一面が砂ぼこりにまみれています。ですから、信者になってくださった方の家の、庭にある井戸の水を汲《く》み、そこに置いてある固形の洗濯石鹸《せっけん》で毎日のように髪を洗っていました。あとになって分かったのですが、当時の物資はお粗末で、その洗濯石鹸には強烈な苛性《かせい》ソーダが使われていました。どうやらそのせいで、父親より十年早く頭が禿げてきたようです。

その後、浜松市に二カ所の教会が設立されましたので、この禿げ頭はその功績で輝いているのだと思っております。

私の体重は六三キロほどです。しかし、私自身は自分の体に対して、一〇キロの重さも五キロの重さも感じていません。もし、私の体重と同じ六三キロの物を持つとしたら、三十分も持ってはいられないと思います。このように人の体は、実に不思議な仕組みでできているのです。

私にも心臓があります。腎臓も肝臓もあります。見たことはありませんが、あるだろうと思っています。おもしろいですね。どんな形をして、どんな色をしている心臓なのか、見たことも触ったこともないのに、あると信じて〝私の心臓〟と言っています。たとえどんな名医でも、自分の心臓を手にとって見たことはないでしょう。

私たちが毎日お世話になっている消化管。入り口は口、そして食道、次に胃、小腸（十二指腸、空腸、回腸）、大腸（盲腸、結腸、直腸）、肛門《こうもん》で構成されています。驚いたことに、小腸は約七メートル、大腸は一メートル七〇センチ、そして消化管全体の長さは自分の身長の約六倍と、医学書に記されています。一五二センチの私は、約九メートルの長さの消化管がグルグルとこのお腹《なか》に納まっていることになります。皆さんも一度、ご自分の身長の六倍の長さを計算してみてください。驚きの発見になると思います。

親神様は、

たいないになにがあるやらどのよふな
ものでもしりたものわあるまい
（おふでさき　十二　174）

とお教えくださっています。本当にその通りである思います。

どこの家庭でも、食事のときに「いただきます」と、手を合わせて感謝をされていると思います。牛も豚も、私たちのために食肉となって、自らの生命を提供してくれています。魚も、野菜も、果物にも生命があります。その生命を人間に提供してくれている現実をしっかり把握して、手を合わせたいものです。

そして、そのうえでもう一つ、手を合わせることを忘れてならないのは、排便時であります。食べたものが消化管を通り、時間をかけてそれぞれの器官がはたらきます。私たちが眠っている間もはたらいています。白い牛乳が黒い髪の毛や肉になり、緑のホウレン草が赤い血や骨になる。これは不思議な現象です。やがてその滓《かす》が排泄《はいせつ》されますが、排泄こそが親神様のご守護の現れだと私は思います。食事をしてから排泄まで、食べた本人は知らぬ顔をして、まったくお任せです。私はこの排泄のときにこそ、自らの生命を提供してくれた穀物、野菜、魚たちに、また、それを私の生命にしてくださっている親神様のご守護に、心から感謝の合掌《がっしょう》をすることが大切ではないかと思います。

背が低く、頭は禿げて、耳はメニエル病で難聴になっております私が、父親よりはや四年も長生きしながら、人さまのお役に立つために活動させていただけることは、思えば思うほどにもったいなく、ありがたいことと思っております。

しかも私という人間は、世界の六十七億人の中で、たった一人の貴重な存在でありま す。五人も十人も同じ人間がいれば大して珍しくもありませんが、世界でただ一人とは、私にとっては宝であります。

このように、毎日を感謝しながら通らせていただける人生をお教えくださった天理の御《み》教えに、あらためてお礼を申し上げるばかりであります。どうか皆さんも、自分の素晴らしい体に感謝して毎日を通らせていただきましょう。

喜び探しの日々

橋《はし》本《もと》元《もと》信《のぶ》
奈良県生駒《いこま》市・名阪《めいはん》分教会長

私どもの教会では毎朝、お参りに来てくださった信者さん方と、お茶を飲みながらお話をするのが日課です。その内容はさまざまで、時候や季節の話題であったり、家族の話や仕事の話であったり、最近は足が痛いとか腰が痛いとか、誰《だれ》それがやせたとか太ったとか、揚げ句の果てにはワイドショー顔負けの芸能人の噂《うわさ》話まで。みんなよくテレビを見ているなあと感心するほど、とにかくいろいろな話が出てきます。

あるご婦人は、「私、今度生まれかわったら、女優さんみたいなべっぴんさんに生まれたいわ！」と、片手にお饅頭《まんじゅう》を持ちながら満面の笑顔でそう言っているかと思うと、また別の女性は、「顔はべっぴんでなくてもいいから、せめてスラッとスタイルのいい女に生まれたいわ！」と言いながら、下腹のあたりを照れくさそうにさすります。そうかと思うと、「容姿はそこそこでいい。私は紅白歌合戦に出演できるような、歌のうまい人になりたい！」と言う人など、まあ出るわ出るわ、夢の大安売りかオンパレードでありますす。みんなでお腹《なか》を抱えて笑いながら、楽しく聞かせてもらっているのですが、でも、最後は決まって「やっぱり元気が一番やね！」と、誰かのひと言で落ちが付きます。

「喉《のど》もと過ぎれば熱さを忘れる」とことわざにもありますが、熱いものを口にしたとき、「あつ〜い」と思っても、それが喉もとを過ぎてしまえばどこ吹く風で、その熱さを忘れてしまいます。ところが、よくよく考えてみますと、その口にしたものはどこかに消えてしまったのではなくて、ちゃんと胃袋の中に収まっているわけです。

皆さん方は毎日、朝に、昼に、夕に食事をされると思います。おやつの時間もあるかもしれません。でも、皆さんが私の話を聞いてくださっている間にも、また、ゆっくりと休んでおられる間にも、食べたものは知らない間に消化され、不思議なことに、あるものは骨になり、あるものは筋肉になり、またあるものは血になり、あるものは汗になり、あるものは涙になります。千姿万態《せんしばんたい》、さまざまに姿や色を変えて、私たちの命をつないでくれているわけです。

ところが、こんな大切なことを誰一人、自分でやっているという人はいません。もし、これを自分でやるとしたならばどうでしょう。たとえば夜、寝る前に一杯の水を飲んだとします。そのうちのどれだけを汗にして、どれだけを血に変えて、どれだけを朝のトイレに、などと考えていたら、おちおち眠れません。自分では知らないうちに、けれども確かに自分自身の中で起こっていることであります。これって、本当に不思議なことです。

もし病気やケガが原因で、この不思議が起こらなくなったとしたらどうでしょう。大変なことになると思います。痛んだり、苦しんだり、命すらも失うことになってしまうかもしれません。私たちお互いは、自分自身の体の中で起こっていることですら、本当はよく分かっていないような気がいたします。

私たちの体の中で起こっていることは、その隅々に至るまで、数知れぬ不思議の繰り返しです。その不思議こそが親神様のご守護であり、私たちが生きているということ自体が、本当は親神様の大きなご守護に包まれている姿であると言えるのではないでしょうか。

以前、私の友人が交通事故に遭《あ》い、大きな手術を受けました。大変な手術だったようです。少し落ち着いたころにお見舞いに伺うと、彼はたくさんの傷を負い、骨折した足には大きなギプスをしてベッドに横たわっていました。様子を尋ねると、痛みもさることながら、トイレをはじめとして体の不自由さをしきりに私に訴えました。

普段は私なんかよりずっと元気な男です。ですからよけいにかわいそうに思いました。私にできることといえば、横に座って話し相手になるか、お茶を口に持っていってあげることぐらいです。「以前のように、仕事も生活もできるようになるのだろうか?」と不安げに話す彼の横顔は、とても寂しそうでした。

その日から厳しい治療とともに、リハビリという「不自由との闘い」が始まりました。私が言うのも変ですが、不安と希望が交差する中で、彼は本当によくがんばったと思います。

それから数カ月が経《た》ちました。長かったリハビリを終え、いよいよ退院の日がやって来ました。私服に着替えて病院の廊下を歩きながら、彼は「本当に治ってよかった。自分の足で歩く、自分のことが自分でできるということは、こんなにも嬉《うれ》しいことなんだ」と、涙声で話してくれました。そして、病院の会計を済ませた後、振り向きざまに、「さっきは治ってよかったと言ったけど、よく考えたら、本当はけがをする前に戻っただけなんだな。けれども、それがやっぱり嬉しいな。元気なときは、そんなこと考えたこともなかったけど」と繰り返すように言いながら、満面の笑顔で病院を後にしていきました。

彼と入院中に交わした数々の会話や、そのときの彼の姿から、私自身、普段は気にも留めないようなことを、いろいろと考えさせられたような気がします。そして退院のとき、「特別じゃない普段の姿に戻れた。普通の姿でいられるということは、こんなにも嬉しいことなのか」と言った彼の言葉に、その答えを見たような気がしてなりません。

私たちは、日々の暮らしの中で夢や希望を求めて生きています。それはとても大切なことだと思います。でも、普段は「そんなことは当たり前じゃないか」と、気にも留めない事柄の中にも、実は大きな喜びの種が、その暮らしの至る所に落ちているような気がいたします。

それらの一つひとつを感謝の心で拾い集めたときに、その分だけ、幸せに気づくのではないでしょうか。つまり、幸せを求める暮らし、幸せ探しの日々は、喜び探しの日々とも言えるのではないかと思うのです。

病気を乗り越えて

木《き》村《むら》正《まさ》道《みち》
天理市・事情部常勤講師

　私たちは、幸せになることを願って日々を生きています。しかし人生の中には、自分の思い通りになることより、思い通りにならないことのほうが多いように思います。たとえば、病気もその一つです。いつ自分がどんな病気になるのか、まったく分かりません。私たちはよく将来の人生設計を立てますが、病気になることは人生の予定には入れていません。病気になったとき、その病気をどう受けとめ、どう乗り越えていけばいいのでしょうか。心の持ち方について考えてみたいと思います。

　そもそも「病気」という字は、「気が病む」と書きます。中国の最も古い医学書『黄《こう》帝内経素問《ていだいけいそもん》』の中に「百病は気によって生ず」とあり、これが病気の語源になっていると言われています。その医学書の中に、「怒れば気が上がり、喜べば気が緩み、悲しめば気が消え」などとも書かれています。

昔から日本でもよく「病は気から」と、病気は気の持ちようで良くも悪くもなると言われています。その気の持ちようというのは、心のことだと思います。私は、「病は気から」という言葉には、広い意味で、心が病んでしまうと病気になりますよ、また、病気になって心を病んではいけませんよ、ということも含まれているのではないかと思っています。

次に、「病気」の反対の「元気」という字は、「気が元」と書きます。元気の語源は、平安時代の『今昔物語集《こんじゃくものがたりしゅう》』の中に出てきます。そこには減る気、「減気」と書かれており、だんだん悪い気が減っていくと元の体に戻っていく、という意味があるそうです。心に付いた余分なものを取り去り、心が白紙に返れば、人間本来の心に戻り、その心が本来の生命力を引き出して、元気になっていくということだと思います。

このように、「病気」にしても「元気」にしても、「心」が関連しています。昔の人は心を大切に考えていたのだと思います。私たちが幸せになるには、心がとても大きな鍵《かぎ》になっているのではないでしょうか。

私の知人で、胃を患った人がいました。その方は胃の手術を受けられ、無事に成功しました。しかし、その後何日間も、水も飲めない、何も食べられない状態が続きました。とてもつらい日が続いた後、ようやく担当医師から重湯《おもゆ》を食べてもいいと言われたそうです。目の前に出された重湯は、食べ物というよりは、白湯《さゆ》に白い色のついたようなものです。味もさほどおいしいものとは思えません。しかし、彼はそれをひと口、口の中に入れたとき、涙が止まらなかったそうです。「いままで生きてきて、食べられるということがこんなにありがたいと感じたことはなかった」と言っていました。そして退院が近づいたとき、次のようにも話してくれました。

「いままでは、おいしいものを食べることや、どこかへ旅行に行って楽しむことが、生きていくうえでの幸せだと思っていました。また、ついつい仕事が忙しくてつらいときなどは、病気をしてでもいいからゆっくり休みたいと思うことさえありました。でも、いざ病気になってみると、食べたいものも食べられず、自分の思うように体も動かなくて、これから先のことを不安に思いました。本当につらかったけれども、いまは普通に食べられて、自由に体も動かせるし、また仕事に戻ることができました。そんな当たり前だったことが、幸せなんだということに気づくことができました」

私は、彼の話を聞きながら、教祖《おやさま》のお言葉を思い出しました。

教祖の娘のこかん様が、その日食べるお米がないことを申し上げると、教祖は、

「世界には、枕《まくら》もとに食物《たべもの》を山ほど積んでも、食べるに食べられず、水も喉《のど》を越さんと言うて苦しんでいる人もある。そのことを思えば、わしらは結構や、水を飲めば水の味がする。親神様が結構にお与え下されてある」

と諭されました。

人間が生きていくうえで、お金や財産は幸せの条件として大切かもしれません。しかし、病気になれば畳一枚が自分の世界になってしまい、自分の思う通りにはなりません。そのことを考えれば、健康であるということは当たり前ではなく、本当にありがたいことだと思えます。心の持ち方一つで、それまで当たり前だと思っていたことがありがた

く思え、不幸だと思っていたことさえもが幸せにつながっていくのだと思います。

神様のお言葉の中に、私たちが日々使っているこの体と心について、

「人間というは、身の内神のかしもの・かりもの、心一つ我が理」

（おさしづ　明治22年6月1日）

とあります。私たちが日々、自由に使っているこの体は、自分のものではなく、神様からお借りしているものであり、心だけが自分のものだとお教えくださっているのです。

毎日の忙しい生活の中では、このことになかなか気づかないと思いますが、ひとたび病気になって熱が出たり、食べられない、動けないという状態になったりすると、あらためて考えさせられます。そしてそれは、自分の心を見つめ直し、反省したり、生き方を考えたりする機会にもなると思うのです。

病気は、人生の休憩場所のようなものだと思います。泥水は、バケツに入れて置いておけば、泥が下に沈み、上のほうはきれいな水に変わってきます。病気も、人の心の汚れを、静かに澄み切らせてくれるためにお見せくださるのかもしれません。

病気に限らず、人生の中でつらいことや思い通りにならないことがたくさんあるかもしれませんが、そんなときは少し立ち止まって、自分自身を振り返ることも大切ではないでしょうか。そして、心を倒さず、病気になってもまだこんなことができる、あんなこともできると、心の受け取り方を変えて、神様に生かされていることを忘れずに、いまあることに感謝することが、病気を乗り越えて幸せに近づいていく第一歩になると信じます。

ふしから芽が出る

赤木喜久子《あかぎきくこ》
奈良県生駒《いこま》市・明華《めいか》分教会前会長夫人

十数年前のことになりますが、私どもの教会の信者であるＡさんの三歳になる娘さんが、急性リンパ性白血病を患いました。Ａさん夫婦にとっては、まさに青天の霹靂《へきれき》であり、思いもかけない病気でした。お医者さんからは、「たすかるか、たすからないかは五分五分である」と言われたそうです。

その日から長い闘病生活が始まりました。Ａさんがずっと付き添って、親子二人での入院生活です。家にはその子のお兄ちゃん二人と、Ａさんのご主人とご両親の五人が残っていましたが、子供の病気を前向きに受け止め、家族が一つになってこの大節《おおふし》に立ち向かわれました。

教会では、何とかたすかってもらいたいと必死で神様にお願い申し上げておりました。抗がん剤による治療が続き、病院へ行っても面会することができません。私は、何とかその子におさづけを取り次がせていただきたいと思いましたが、会うことができませんので、付き添っているAさんに、おさづけを取り次ぐようにとお願いしました。

Aさんは、おさづけの理を戴《いただ》いてはいるものの、信仰のことはまだよく分からないなか、親神様のご守護を頂けることを信じて、それから毎日、一生懸命に娘さんにおさづけを取り次いでくれました。

そして、骨髄《こつずい》移植を受けることになったのですが、移植にあたっては、HLAという白血球の型が合う人がなかなか見つからず、結局、骨髄バンクに登録されたドナーの方から骨髄を頂いたそうです。それでも、HLAの六つの項目のうち、一つが合わないままの移植となりました。Aさんの家族をはじめ、教会でもずいぶんと心配し、何とか移植が成功してほしいと一生懸命に願い、祈りました。そのかいあってか、移植は無事成功しました。

しかし、移植が成功したからといって、それで安心はできません。移植後は、移植に伴う副作用が必ず出るそうです。それは、命にかかわることもあるということでした。副作用が出るたびにAさんはおさづけを取り次ぎ、何度も素晴らしいご守護を頂いたのでした。

娘さんは奇跡にも近い回復を見せて退院しました。その後も無事に成長し、いまでは元気な高校生となっています。

親として、子供が病気になることほどつらいことはありません。できることなら、自分が代わってやりたいと思うものです。Aさん夫婦は、長い闘病生活で、抗がん剤の治療や骨髄移植によって子供が苦しんでいるときなどは、親としてどうしてやることもできず、口では言い表せない苦しみがたびたびあったそうです。しかし、そんななかでも、毎日おさづけを取り次ぐことができたということが、何よりも心強く、ありがたく思えたということでした。Aさんは、「おさづけの取り次ぎを通して、本当に神様があるんだということを肌で感じることができました」と話してくれました。

子供の病気を通して家族の心が一つになり、病気に込められた親神様の思いをしっかり受け止めて、陽気ぐらしへと懸命に歩んだ結果が、この素晴らしいご守護につながったのだと思います。

退院後、Aさんは娘さんの病状を見守りながら足しげく教会に来てくれるようになりました。月次祭の祭典前のお掃除はもちろんのこと、お花を生けたり、祭典の準備も率先してつとめてくれます。

そんな姿を見て、私は「三日講習会」の受講を勧めてみました。素直に受講してくれたAさんは、「普段とはまた違った雰囲気の中で、本当のふるさとに帰って来たように思え、心の栄養をたっぷり頂戴《ちょうだい》しました」と大変感激し、喜んでいました。

振り返りますと、何も分からないまま天理教を信仰する家庭に嫁いだAさんが、娘さんの病気を通して、周りの皆さんの温かい協力を得、そして何よりも親神様に守られ、親神様からのお導きを頂いてきょうの日を迎えているのです。

人間は、自分の力や知恵で生きているのではなく、親神様の大きなおはたらきを頂いて生かされていることに、気づかせていただかねばなりません。何事もなく無事無難に毎日を過ごしておりますと、それが当たり前のことのように思い、知らず知らずのうちに自分中心の心が湧《わ》き、何に対しても感謝の心を感じない、自分勝手な道を通ってしまいがちです。だからこそ親神様は、かわいいいっぱいの親心から、病気やさまざまな事情を通して、そのことに気づくようにとお知らせくださるのです。

教祖《おやさま》は、「ふしから芽が出る」とお教えくださいました。大病は、人生における大きな節です。木の節のように、人生における節も、受け止め方によっては、そこから折れてしまうことにもなりますし、逆にそこから新しい芽を出すことにもなります。大きな節の最中には、「こんなことがいつまで続くのか」と、心を倒してしまいそうになるときもあると思いますが、親神様を信じて、節を前向きに受け止め、心明るく乗り越えさせていただきたいものです。

その結果、自らの運命をも変えることになると、私は強く信じています。

心通りの守護

平《ひら》田《た》 歴《わたる》
滋賀県東近江《ひがしおうみ》市・鋳物師《いものし》分教会長

私のモットーは、神様のご守護に感謝しつつ、毎日を喜んで、明るく元気に、そして笑顔を忘れずに通らせていただくということです。よく人からも「あなたはいつも元気があって、いかにも悩み事がなさそうでいいですね」と言われます。

しかし、そんな私にも悩み事、心配事が、ないというわけではありません。人並みに、あるいはそれ以上に、あれこれと悩み、苦しんだこともありました。また、これからもそうかもしれません。

悩み苦しんで物事が解決するのなら、いくらでもあれこれと悩めばいいと思うのですが、そういうときは案外、どんどんと深みにはまっていって、なかなかよい方向に考えがまとまらないものです。自分以外の誰《だれ》かにその責任を求めたりすることも多いのではないでしょうか。しかし、その悩みの元、心配の元はどこにあるのかというと、ほかでもない、自分自身の心にあると私は思うのです。

親神様は、「心通りの守護」とお教えくださいます。自分自身が日々に使った心通りの結果を見せてくださるということです。

いま目の前に現れている姿は、良いことも悪いこともすべて、自分が使った心の結果なのです。ですから、悩みの心や心配の心ばかりを使っていたのでは、毎日そういう種を蒔《ま》いているようなものです。蒔いた種は将来、必ず生えてきます。だからこそ、いま見せられている姿を喜んで、神様のおはたらきに感謝して日々を通らせていただくことが大切です。そうすると、喜びの種を蒔いていることになりますから、将来、喜びの芽が生えてくるのです。

私たちがどうして悩み、苦しむのかというと、それは、神様のご守護を信じられないからです。いま喜べない姿を見せられていても、親神様は心通りに守護してやろうとおっしゃっているのですから、日々の心遣いを改めたなら必ずご守護いただけます。そのことをまず信じることです。神様のご守護を頂いて生かされているということが、心の底から信じられたら、悩みというものはなくなると思うのです。

私の妻はＲｈマイナスという珍しい血液型の持ち主です。いまから三十年ほど前、お付き合いをしていたときに、「結婚しても、子供は一人しか産めないそうよ」と言われたことがありました。そのころは大恋愛の真っ最中でしたから、私はあまり気にも留めずにおりました。「一人は産めるんだな」くらいに簡単に考えていました。

ところが、いざ結婚して、一年後に長女が生まれますと、病院の先生から「お父さんかお母さんのどちらかに、避妊の処置をしましょうか」と言われました。二人目からは母子ともに危険を伴うことが多いので、避妊したほうがいいだろうとのことでした。しかし私は、避妊の処置をすれば神様のご守護まで止まってしまうような気がして、「自分たちで気をつけますので、それは結構です」とお断りしました。

家に帰って、そのことを父である会長に相談させていただきました。すると父は、

「われわれは神様のご守護の中で生かされている。神様が授けようと思ったら授けてくださるし、ご守護をやろうと思ったら生まれさせてくださる。そんなことは心配しないで、何人でも産みなさい」と、心配するどころか、自信たっぷりに言ってくれたのです。

この言葉で私の不安はなくなりました。そして、半年後には二人目の子供が妻の体に宿り、その十カ月後には無事に出産させていただきました。

しかし、出産後が大変でした。医学的には、二人目以降は母子ともに危険を伴うわけですから、お医者さんも無事に生まれたことが不思議だったのでしょう。血液検査、黄《おう》疸《だん》の検査と、いろんな検査をされましたが、何の異常も見つかりませんでした。「うちでは分からないから、もっと大きな病院で診《み》てもらってくれ」ということで、総合病院でも検査を受けました。しかし、そこでも何も出ません。今度は大学病院で診てもらってくれと、たらい回しのようにされましたが、結局、異常はありませんでした。本当に、お医者さんが驚くような素晴らしい姿をお見せいただいたわけです。

そのころ、私たち夫婦は、教会から車で一時間ほど離れた所で、家を借りて布教をさせていただいておりました。その家の前に「母子センター」という、助産師さんだけがいる助産院がありましたので、三人目以降は病院ではなく、その助産院で取り上げていただきました。病院に比べると、あまり医療設備も整ってはいないのですが、何の不自由もなく安産のご守護をお見せいただきました。

四人目が産まれるときは、私はおぢばで教養掛の務めがあって、一カ月間、家を留守にしていました。担当の助産師さんも、「あんたとこは神さんがはたらいてくださるから、ちゃんと予定日に生まれるやろう」と言って、臨月に入ってから旅行に行ってしまわれました。そうしましたら、助産師さんの留守中に産気づいたのです。妻は、すぐに教会に電話をして、四歳、三歳、一歳になる三人の子供を預かってもらうと、自分で身の回りの段取りをして出産に備えました。ようやく代わりの助産師さんが来てくださったときには、もう生まれる寸前で、助産師さんはただ両手で赤ちゃんを受けるだけ、という状態でした。

本来なら一人しか産めないところを、素晴らしいご守護をお見せいただき、結局男二人、女五人、計七人の子宝を授かり、みんな元気にお育ていただいております。このことは、親神様のおはたらきを頂いたのはもちろんですが、私たち夫婦が親神様のご守護を信じて、心配の種を蒔かずに日々を喜んで通らせていただいた結果ではないかと思います。

どうか皆さんも、喜びの種、感謝の種を蒔きながら、毎日を通らせていただきましょう。

親心を悟って

佐々木《ささき》稔《みのる》
京都市右京《うきょう》区・嵐山《あらしやま》分教会前会長

親神様は、陽気ぐらしを目的に、この世と人間をお創《つく》りくださいました。世界中の人間は皆、かわいいわが子と仰せくださいます。かわいいなればこそ、時には親の意見として、病気や事情にお知らせくださることもあります。

よくご思案ください。めいめいが子供を育てるときの愛情というものは、自分は食べずとも子供には十分食べさせたい、自分は粗末な着物を着ても子供にだけは少しでも良いものを着せてやりたいと思うものです。一人前の人間になってもらいたい、人に劣ることのないようにと、できる限りのことは仕込み、苦労も子供のためには苦労と思わず、どうぞ一生安心して安楽に過ごせるようにと願って通ることでしょう。

また、体の弱い子や体の不自由な子供であっても、親としては決して見捨てることはできませんし、放っておくこともできません。親に不幸をし、兄弟も困らすような心掛けの悪い子供でも、決して心底から憎いと思うことはありません。どうにかしてあの心を改めさせたい、どうぞして直してやりたい、どうか改めてくれればよいがと、日々心を痛め、案じて暮らします。大勢子供がありましても、どうなってもいいという子は一人もないのが親の心です。

親神様は、

にんけんもこ共かわいであろをがな
それをふもをてしやんしてくれ
（おふでさき　十四　34）

と仰せくだされて、人間の親がわが子をかわいいと思うのと同じ思いでおられます。世界に多くの人間がおりましても、誰《だれ》一人憎いという者はありません。みな一人ひとりの体内に入り込んでご守護くださり、また、心相応に物を与えてくださり、陽気ぐらしへとお導きくださるのです。

病気も、親神様が陽気ぐらしへとお導きくださる「てびき」であります。子供がかわいい、幸せになってほしいが故に、あえてつらいことをもお見せくださるのです。

喘息《ぜんそく》で苦しむ二十代の青年がありました。三年ほど前から喘息が出始め、だんだんと悪化して発作が激しくなり、その苦しむ姿を親として見ておれない、何とかしてやりたいと、青年のお父さんから相談を受けました。

「お医者さんからは、『喘息は治りません。一生付き合っていかねばなりませんよ』と言われています」と、心配そうな面持ちで、お父さんは話してくださいました。

私も、母が喘息で苦しんでいるのを見ておりましたので、喘息のことは分かっておりました。そこで、「一つ方法があります。修養科へ行くことです」と、私はお父さんに言いました。

後日、喘息の発作が起こったとき、青年は修養科へ行く決心をし、それを神様に約束してから、お父さんにおさづけを取り次いでもらったところ、その場で苦しい発作が止まったそうです。そのことに感激し、心に感じ入った青年は、すぐに仕事を辞めて修養科に入りました。

私はその青年に、「修養科ではしっかりと勉強させていただいて、人類の親である親神様の思いを分からせてもらうように」とお話ししました。不思議なことに、それからというものは、修養科の間も含めて一度も発作が起こっておりません。

三カ月後、「天理教の教えは素晴らしいですね」と、青年は勇んで帰ってまいりました。修養科を了《お》えた青年に、私は「おさづけで喘息をたすけていただいたのだから、今度はあなたが、おさづけで人さまをたすけさせていただいてください」とお話ししました。

その二カ月後、青年は、頭痛に見舞われて道端でうずくまっていた女性に声を掛け、おさづけを取り次いだそうです。すると、たちどころに頭痛が治ったと、嬉《うれ》しそうに報告してくれました。そのことが縁となって、その後二人は結婚することになりました。一男一女を授かって、いまでは幸せな家庭を築いています。

喘息という病気を通して、親神様が陽気ぐらしへと導いてくださったのだと思います。子供かわいいが故、子供の幸せを思う親なればこそ、苦しい病気をさせてまでも幸せへとお導きくださるのです。本当にありがたいことではありませんか。

〝子を持って知る親の恩〟と申しますが、子供のときには分からなかった親の気持ちが、結婚して子供を持つようになって初めて分かるものです。親神様は、私たち人間をお創りくだされたばかりでなく、創造以来一分一秒たりとも絶えることのないおはたらき、ご守護をもって私たちを生かしてくださっています。そこには陽気ぐらしをさせてやりたいという思い、子供かわいいが故の親心がいっぱいなのです。

私たち人間も、いつまでも子供であってはならないと思います。人類の親である親神様の心が分かるようにならせていただかねばなりません。そして、その親の心に適《かな》うように生きていかねばならないと思います。

人間お互いは、親神様を親と仰ぐ兄弟姉妹《きょうだい》です。自分一人だけが幸せになっても親は喜ばれません。陽気ぐらしとは、親神様のご守護、おはたらきに感謝しながら、明るく陽気な心で、人間お互いが兄弟姉妹であるとの自覚を持って、尊重し合い、仲良くたすけ合って暮らすことだと思います。どうか皆さんも、親神様の親心を悟って、お望みくださる本当の幸せ、陽気ぐらしへと歩ませていただこうではありませんか。

不思議なご守護を頂くには

中島《なかしま》功男《のりお》
愛知県七宝《しっぽう》町・本清明《ほんせいめい》分教会前会長

世の中には「奇跡」と言われるようなことがあります。奇跡とは、常識では考えられない不思議な現象のことを言います。

こうしたことは、そうそういつもあるというものではありません。しかし、私が信仰している天理教の中では、この奇跡としか言いようがない不思議な出来事を、日常茶飯事とまでは言いませんが、たびたび見たり聞いたりします。また私自身、何度も体験をしております。

たとえば、私のこの体だけに限って言いましても、これまでに三度、手術を宣告されました。最初は肺結核で、二回目は胃がん、三回目は盲腸でした。しかし、いずれの場合も手術をすることなく、きょうまでこうして健康で生かされています。

最初の手術の宣告は、いまから五十年ほど前のことです。十八歳で肺結核を患い、「憩《いこい》の家」の前身であります「よろづ相談所」の結核療養所へ入院して一年が経過したころ、院長先生からレントゲン写真を見せられ、こう言われました。

「君の右の肺に見える、卵大のこの白い部分が病巣です。これが卵の殻《から》のようなもので覆われていて、薬が病巣に直接届かないから、これをえぐり取る手術が必要です。もし手術をしないで放置するなら、これがいつ破裂するか分からないので、一生ベッドで安静な生活をしなければならないよ」と。

そこで私は、本部の神殿に行きまして、親神様に次のようにお誓いをしました。

「これから先の人生、この体を自分の好き勝手には使いません。これからは神様の仰せのままに使わせていただきます。あとはどのようにしていただいても結構です」

このとき、自分でも気がつきませんでしたが、「この病気を治してください」とか「たすけてください」とは、少しも考えませんでした。心底から神様にもたれきり、まかせきっていましたので、本当にこのままどうなっても構わないと心が定まりましたら、気持ちが楽になりました。「人たすけたら我が身たすかる」とお教えいただきますので、自分はいま、この療養所で、何をすることが親神様の思召《おぼしめし》に沿うことになり、また周りの人々に喜んでもらえるのかと考えたのです。

当時の療養所は古い木造の建物で、庭には草がぼうぼうと生えていました。ちょっと庭に出て散歩でもしたいと思っても、とてもできるような状態ではありません。また、ほとんどベッドに寝たきりの患者さんにとって、窓から見える景色は雑草が生い茂っているだけの庭でしたので、せめてこの庭をきれいにして皆さんに喜んでもらいたいなあと考えました。そして院長先生に相談しましたところ、絶対に反対されると思っていたのに、いとも簡単に「あっ、いいよ」と許可してくれたのです。

実はこのことは、いま考えてもまったく不思議なことです。というのは、療養所では結核患者は午前と午後に二時間ずつの安静時間が定められていて、お風呂も体力を消耗《しょうもう》するということで一週間に一度だけ、ましてや炎天下へ出て作業をすることなど、もってのほかと言われていたからです。

私は早速、五、六人の患者仲間と共に作業を始めました。そして、こともあろうに庭に二つの池まで造りました。一つの池には噴水もつけ、池の周りには砂利を敷いてベンチも置き、廊下からいつでも簡単に池の周りに下りられるようにもしました。これは、若くて健康な者でも大変な作業です。しかも、機械というようなものは一切なく、穴を掘るのもスコップによる手作業でした。

それをじっと黙って見許していてくださった院長先生の態度も、いま思えば奇跡ですが、この作業にかかわった仲間全員の症状が、誰《だれ》一人として悪くなるどころか、停滞していた症状が快方に向かうという奇跡的な現象を見せていただいたのです。特に私は、手術もせず、これといった治療もせずに、手術を宣告されてからちょうど一年後に完治するという、不思議なご守護を頂いたのです。とにかくそのときは、全員が池を完成させることに夢中になっていて、自分たちが病人であることなどすっかり忘れていました。

病気やさまざまな事情というものは、人生における大きな節目《ふしめ》でありますが、「ふしから芽が出る」とも教えられますように、節は人生のうえで大きく進歩、発展をするための絶好の機会でもあります。この節に際して、神様にお喜びいただけるような心を定めて実行するならば、必ず素晴らしい花が咲き、実が稔《みの》るのです。

私たちがやったことは、誰が考えても、当時の医学からすれば常識はずれです。しかし「蒔《ま》いたる種はみな生える」ともお教えいただきますように、親神様は、私たちのこうした行為を種として受け取ってくださって、奇跡としか言えないご守護を見せてくださったのではないでしょうか。

人間は、一人ひとりがみな違う心の使い方、考え方をしています。しかも、一人ひとりに好き嫌いとか、得手不得手ということがあって、自分の好きなことや得意なことは進んでしますが、そうでないことは避けて通りがちです。

私もそうですが、得意なことをするときは楽しいし、一生懸命になります。反対に、嫌いなことや苦手なことをするときは、どうしても憂鬱《ゆううつ》な気持ちになって、なかなかはかどらないものです。しかし、毎日の生活の中で、自分の好きなことや得意なことだけをするわけにはいきません。

たとえば電気製品であれば、その製品に付いている説明書通りに正しく操作をして使えば、故障もなく快適に使うことができます。しかし、自分流の好き勝手な操作をしたら、たちどころに故障してしまいます。

私たち人間には、陽気ぐらしをするための説明書とも言うべき、「おふでさき」「みかぐらうた」「おさしづ」という三つの原典があります。さらには、教祖《おやさま》が「こんなときはこうして通るのだよ」と、私たちが人生で遭遇するであろうさまざまな事柄について、自らお通りくだされた「ひながた」という、確かな心の拠《よ》り所《どころ》があるのです。自分の小さな、狭いものの考え方に固執しないで、どこまでも教えに基づく生き方を心掛けたいものです。

お互い長い人生の道中には、時として人間の知恵、力、努力ではどうにもならないようなことが、一度や二度はあるものです。そんなとき、私たちは神様にたすけを求めます。そのときには、やはり自分のそれまでの考え方や行動を反省して、神様に喜んでいただけるようなものの考え方に変え、そのことを実行することが必要です。

親神様は、互いにたすけ合って仲良く暮らす姿を見て共に楽しみたいと思って、人間を創《つく》られました。しかし、いまの世の中を眺《なが》めてみたとき、われさえ良くば、いまさえ良くばという風潮が蔓延《まんえん》して、自己中心的な立ち居振る舞いが目立ちます。人生に行き詰まったときには、まず人間を創造してくださったときの親神様のお心を思い起こして、果たして自分はどうであったかと、反省させていただくことが大切だと思います。

自分の悩み、苦しみにとらわれないで、そうしたときにこそなおさら自分のことを後回しにして、どうすれば周りの人に喜んでもらえるかと、心の向きを変える。この心の転機が、絶体絶命という状況のなかからでも、奇跡としか言いようのない、不思議な珍しいご守護を頂ける元になると確信しております。

病気さん、ありがとう

大《おお》杉《すぎ》正《まさ》尚《たか》
大阪府柏原《かしわら》市・水都《すいと》分教会長

十年ほど前のことです。「あなたはがんです。胃にがんが見つかりました。まあ、早く分かってよかったですね」と、お医者さんが私に言いました。

しばらくして私が「ありがとうございます」と言うと、そのお医者さんは「私の言ったことが聞こえていますか?」と大きな声で言われました。私が「ええ、聞こえております」と答えると、「あなたのような人は初めてです。がんになって、何がありがたいのですか?」と、不思議そうな顔で私を見られました。

この前後のことを少しお話しいたします。

そのころ、体が少し重たく感じていましたので、同僚に「年をとると、誰《だれ》でもだんだんと重たい感じになってくるのかなあ」と言っていると、「それやったら一度診《み》てもらったらいいわ」と言われました。

私は若いころに、毎日両切りたばこを四、五十本吸っていました。しかも一本一本、根元まで吸っていましたので、友人の医者に「あんた、それだけ吸ったら肺がんか胃がんになるわ」と言われたことがありました。それが頭の片隅にありましたので、診てもらうことにしました。

診察の結果、「異常はありません。また何かあれば来てください」と言われましたが、どうしても気になるものですから、あえて精密検査をお願いしました。胃カメラ、エコー、腸の検査と、ひと通りしていただいた結果、そのあとの第一声が、「あなたはがんです」との告知でした。

私は当時、あることを親神様にお願いしていました。私は十七年前から事情部講師として、入院しておられる患者さん方の心の相談や、おたすけに当たらせていただいております。がんの告知を受ける三カ月前に、私の担当する病棟が外科系病棟に替わりましたので、何とかして患者さんの気持ち、心の持ち方を理解させてくださいと、真剣にお願いしていたのです。

私は患者さんに話をする際に、かしもの・かりものの理に基づく話をするだけではなく、自ら経験したことをお話しさせてもらうことが、より相手の心に響き、その病気を通して以前よりも明るい心になっていただくことにもなると思っております。

私が事情部講師にならせていただいたころの担当病棟は、眼科と整形外科でした。私の母は目が悪く、出かけるときには私を杖《つえ》がわりに連れていったほどでしたので、目の不自由であることのつらさ、目の病気で入院されている方の気持ちが、多少は分かるつもりです。整形外科については、家内の父親が長年、松葉杖のお世話になっており、また私自身、腰椎《ようつい》のいろいろな病気でまったく歩けなくなったこともありまして、これまた不自由さが分かります。ですから、眼科や整形外科の患者さんとお話をして、おたすけをさせていただくうえには、自分の経験が大変役に立ちました。

そうしたことから、外科病棟を担当するようになったとき、何とか患者さんの気持ちが分かるようになりたいと思っていましたので、「あなたはがんです」とお医者さんに言われたときに、思わず「ありがとうございます」という言葉が、つい出てしまったのだと思います。

結局私は入院して手術を受け、胃の六割を切除していただきましたが、ありがたいことに術後十一日という短期間で退院することができました。そして、この入院中に、いろいろ貴重な体験をさせていただきました。生まれて初めて入院し、初めて手術を受けたわけですが、患者になって初めて、その気持ちを分からせていただくことができました。

病気は親神様が陽気ぐらしへとお導きくださる「てびき」であるとも聞かされています。親神様は病気を通して、明るい幸せの道へとお導きくださっているのです。

私たちは、好むと好まざるとにかかわらず、病気になったり難しい事情に出くわしたりすることがあります。しかし神様は、決して私たちを困らせようとされているのではありません。少しでも良い方向へ向かうことができるようにと、手を引いてくださっているのだと思います。人間の親が子を思う気持ちと一緒です。ですから、思わぬ病気で苦しむのも、困難な事情に遭遇するのも、そこにはすべて陽気ぐらしへとお連れくださる温かい親心が込められているのです。

私たちも時折、親として子供に注意をします。病気は、親神様が陽気ぐらしをさせてやりたいが故に下さる、天からの温かい手紙だと思います。病気を通して、これまでのそれぞれの歩み方、生き方を反省し、軌道を修正して、再度陽気ぐらしに向かって進むことができれば、まさに「病気さん、ありがとう」と言えるのではないでしょうか。

目が見えるということ、耳が聞こえるということなど、喜べることを探したら、たとえどんな状態の人であっても何か見つかると思います。また、病気を経験することによって病む人の気持ちを分からせていただけるということも、陽気ぐらしをさせていただくうえで大きな力となり、喜びとなります。

痛みの中、不自由な中でも喜びを見つける心、前向きに考える心、そして、勇み心になるように努力をさせていただきましょう。

大勢の人に支えられて

田中誠三《たなかせいぞう》
大阪府東大阪市・新南《しんなん》分教会長

皆さん、いかがお過ごしでしょうか。朝起きて、ご飯を食べて、仕事をしてと、毎日を忙しく過ごされていることと思います。そんな何げない暮らしの中では、毎日が当たり前のように過ぎていきます。当たり前のように毎日を過ごしていると、ついうっかりと「自分は自分の力で生きている」というふうに思いがちです。しかし、そうではありません。私たち人間は、親神様のご守護に包まれて生かされているのです。

また、人は一人で生きているのではありません。当たり前のように過ごしている毎日の暮らしは、実は大勢の人のおかげで成り立っています。「自分は自立して、一人で生きている」という方もおられるかもしれません。しかし、よく考えてみてください。食物、衣服、住居など、私たちが生きていくうえで必要なものはすべて、人の手によって作られています。無人島で自給自足の生活をしているなら別かもしれませんが、現代の社会にあって、すべてを自分で作っているという人はいないと思います。

私自身のことを考えてみましても、食べ物をはじめ、毎日使う物すべてが、人さまのお世話になっているものばかりです。自分で作れるものは何もありません。普段はほとんど意識していませんが、あらためて考えてみると、大勢の人に支えられて自分は生きているということに気づくのです。

もう四十数年前のことですが、自分は自分の力で生きているのではないと、強く感じる出来事がありました。昭和四十（一九六五）年四月、結婚して五年目の春のことでした。

私は肺結核を患い、「憩《いこい》の家」の前身であります「よろづ相談所」の結核療養所に入院しました。当時、肺結核は、伝染するうえに特効薬もなく、治療に多くのお金がかかることから財産がなくなってしまう病気として嫌《いや》がられ、恐れられた病気です。

入院中は、診察、検査、服薬、注射、安静の繰り返しでした。一カ月が過ぎてもまったく快方に向かわず、それどころか、梅雨《つゆ》のころから血痰《けったん》を吐くようになりました。毎日少量ではありますが、枕元《まくらもと》の白い痰壺《たんつぼ》に吐き出した真っ赤な血痰が赤い花びらのように見え、その鮮やかさが逆に、私を寂しい不安な気持ちにさせました。しかし、家にいる妻と子供、両親のことを思うと、たとえ人から笑われようが必死になって、石にかじりついてでもこの病気を治したいとあがいていました。

そんなとき、一人の医師が「手術をすれば半年で退院できます。薬による治療だけでは一生ここから出られず、社会復帰は難しいでしょう。家族の方とよく相談してください」と、自信に満ちた声で手術を勧めてくれました。まったく先の見えない状況にあった私にとって、まさに神様が手を差し伸べてくださったように思えました。

翌昭和四十一年一月二十日に右肺上葉部切除の手術を受けました。手術は一応成功したのですが、肺からの出血がなかなか止まらず、一本二〇〇ccの血液を五十本、五十人もの方の貴重な血液を輸血していただきました。そして、出血を止めるために再度手術をしてもらいましたが、その際にも、衰弱している体を回復させるために、献血したての温かい生の血液をそのまま輸血していただきました。たくさんの方々の献血のおかげで、ない命をつないでいただくことができたのです。

その年の九月に退院させていただきましたが、その間には、輸血による拒絶反応、血清肝炎などの症状が出て苦しみました。当時の写真を見ますと、骸骨《がいこつ》に皮を張りつけたような、やせ細った哀れな姿の私が写っています。

あれから四十数年の歳月が流れましたが、神様のご守護は申すまでもなく、献血していただいた多くの方たち、治療に携わってくださったお医者さん、看護師さんたちのおかげで、きょうも私はこうして生かされているのです。このご恩は一日たりとて忘れることはなく、毎日を感謝して通らせていただいています。

平成十七（二〇〇五）年の四月、元の結核療養所であった「天理よろづ相談所病院別所分院」が閉院しました。その翌月のことです。はからずも私は「憩《いこい》の家」の事情部に勤めさせていただくことになりました。不思議なことに、担当する病棟は、私が手術後に入院していた病棟でした。本当にびっくりしました。

昭和四十一年四月一日、新築なったおやさとやかたの西棟に天理よろづ相談所「憩の家」病院が開設され、私は第一号の入院患者の一人として入院し、約半年をそこで過ごしました。その、ちょうど私が入院していた病室へ、今度は私がおたすけをさせていただく側としてお訪ねすることになったのです。

入院中の私は、大勢の方からおさづけを取り次いでいただき、そのおかげで何度も危ないところを乗り越えさせていただきましたが、いまは私が、入院しておられる患者さん方におさづけを取り次がせていただき、また、さまざまな相談に当たらせていただいています。入院中に私が受けたご恩を、まさにいま、こうして返させていただいているのだと思っています。誠にありがたいことです。

人間は、親神様のご守護を受け、周りの多くの人々に支えられて生きているのです。しかし、このことは病気になったり、事情に困ったりしないとなかなか気づくことができません。健康であるということ、何も事情がないということが、実は大きなご守護を頂いている姿なのです。このありがたさに気づき、真に心から感謝できるようになるのは容易なことではありません。水不足が続いて、断水するようになって初めて水のご守護のありがたさが分かり、病気になって初めて健康のありがたさを知るようなものです。

親神様は日々のご守護によって、私たち人間が陽気ぐらしのできる環境をそろえてくださっているのです。親神様のご守護によっていま、こうして命があり生かされているということ、そして、大勢の人々に支えられて毎日を不自由なく生活できるということに対して、心からありがたいと感じ、感謝することが大切です。

さらに、感謝するだけではなく、その感謝の思いを形に、行いに表すことがもっと大切だと思います。それは、人の喜ぶこと、人のたすかることをすることであり、世の中のため、人のために役立つことの実行です。大勢の人々によって支えられている自分が、支える役割をすることで、たすけ合いの輪は広がって大きくなっていきます。

現代は、自分さえ良ければいい、いまさえ良ければいいというような風潮が蔓延《まんえん》しているように思えてなりません。どうか皆さんも、日々生かされ、支えられて生きていることへの感謝の心を自らの行いに表して、陽気に明るく暮らさせていただこうではありませんか。

おたすけ日誌　Ⅱ

これからは人さまのために

岡《おか》島《じま》秀《ひで》男《お》
天理市・芦津《あしつ》大教会役員

○月×日

知人のＫさんからおたすけを依頼され、六十代の女性Ｎさんの病室を訪ねた。

二カ月ほど前に視力の異変に気づいたＮさんは、友人のＫさんに伴われて眼科を受診。脳神経外科を再受診するように言われ、ＣＴ検査を受けると、眼《め》の奥に腫瘍《しゅよう》が見つかった。そのまま入院となり、一週間後には二十二時間に及ぶ摘出手術となった。術後四日間をＩＣＵ（集中治療室）で過ごし、病室に戻ってきょうで一週間が経《た》つという。

「やっと呼びかけに反応できるまでに回復しました」と、付き添いの妹さん。その経緯を聞かせてもらったうえで私は神様のお話を取り次ぎ、「勤務の日は必ず、おたすけに来《こ》させていただきます」と申し上げた。

○月×日

Nさんのおたすけに通い始めて二カ月が経つ。意識も戻り、普通に会話もできる。訪ねるたびに、話す時間が長くなってきた。

Nさんは若いころ、混声合唱団で歌っておられたという。私もフォークバンドをやっていたことから、懐かしい歌の話で盛り上がった。Nさんの笑顔が嬉《うれ》しい。

○月×日

検査のために向かった外来棟の玄関で、Nさんの容体が急変。意識がなくなったと、妹さんから知らせが入った。急いで病室へと駆けつけたが、反応がない。私は懸命におさづけを取り次いだ。このところ状態が安定していたので、リハビリのため白川《しらかわ》分院へ移ろうという矢先の出来事。私も、とてもショックだった。

○月×日

容体急変から四カ月。Nさんは再び会話ができるまでに回復された。あす白川分院へ移ると聞き、「みんなで歌おう心のうた」という催しを紹介した。この催しは、毎月第一土曜日の午後二時から、事情部講師が中心となって患者さんと共に歌を歌う会で、オープニング曲は『おやがみさま』。続いて馴染《なじ》み深い童謡など約十曲をみんなで歌う。時には手品もある。医師や看護師も加わり、参加者は五、六十人ほど。「私もギターを弾《ひ》いて、一緒に歌っているんですよ」と話すと、Nさんはとても喜んでくださった。

○月×日

きょうNさんは「みんなで歌おう心のうた」に、妹さんと二人で参加して、とても感激してくださった。

未信仰のNさんだが、勧められるまま礼拝棟での朝づとめに参拝するようになり、最近では夕づとめにも参拝されるようになったという。聞くと、本院に入院していたとき、隣のベッドにいた大学生の身上平癒《みじょうへいゆ》をお願いしているとのこと。

「その方のお姉さんがいつも、私にもおさづけを取り次いでくださったんです。近々、ほかの病院に移ると聞き、なんとかたすかっていただきたいと思って」とNさん。「人たすけたら我が身たすかる」。お伝えした教えをすぐに実践される素直さが素晴らしい。私は「みかぐらうた」の小さな本を差し上げた。

○月×日

手術からやがて一年。Nさんは車いすから

杖《つえ》へ。そしていまでは、杖を持たずに歩けるまでになった。

朝づとめの当番で白川分院に行くと、Nさんが一人で歩いて参拝に来られ、実にきれいな声でおつとめを唱和されていた。続くてをどりまなびでも。誰《だれ》に教えてもらったわけでもないだろう。「さすがにコーラスをしてこられた方は違うな」と感心した。何より自発的に、一生懸命おつとめを勤められる姿がまぶしかった。

○月×日

Nさんの退院が決まった。「退院しても歌の会には参加したい」とNさん。

私が「一度、本部神殿に参拝に行きましょう」と申し上げると、「ぜひ連れて行ってください」との返事。退院の五日前にと約束をした。

○月×日

きょう午後、約束通りNさんと神殿参拝に行った。西礼拝場の結界前での私のひと言ひと言を、Nさんはうなずきながら聴いておられた。「ここまで回復させていただいたお礼と、これからも大難を小難にお連れ通りいただけるよう、お願いしましょう」と申し上げ、一緒におつとめを勤めた。Nさんは「神殿での初めてのおつとめ、感無量です」と声を詰まらせた。

大事をとり、車いすで教祖殿へお連れすると、途中、回廊拭《ふ》きをする修養科生の声に合わせて「みかぐらうた」を歌われる。

教祖《おやさま》の御前《おんまえ》で、「私は感謝でいっぱい」とNさん。「大勢の人に支えていただき、たくさんおさづけを取り次いでもらって、いま、私の命があります。思えば、これまで自分のことばかり考えてきました。これからは人さまのために尽くして、恩返しをさせてもらいたい」と話された。

○月×日

きょう、Nさんは無事に退院された。Nさんの親里での一年を振り返ると、「てびき」という言葉が浮かんだ。

教祖が手を引いてくださっている。Nさんの笑顔に、そう確信した。

運命を変える
ひと言のにをいがけ

本《ほん》間《ま》文《ふみ》子《こ》

天理市・事情部常勤講師

○月×日

おたすけの前には患者さんのたすかりを願い、七階の講堂でおつとめを勤めてから病室へ向かう。

六十代で未信仰の女性Kさんを訪ねた。Kさんは以前、自宅近くの病院で肺炎の治療を受けていたが、病状が悪化。「憩《いこい》の家」での受診を望んだが、どうすれば受け入れてもらえるのか分からず困っていたとき、教会のことを思い出したという。

以前、Kさん夫婦が畑仕事をしていると、いつも通りかかる青年さんが「暑い中ご苦労さまです。神様のおさがりですのでどうぞ」と果物をくれたので、教会に野菜をお供えしたことがあった。

家族が青年さんに相談し、その世話取りで「憩の家」に入院した。肺炎はよくなったものの、検査で多発性骨髄腫《こつずいしゅ》と診断された。以後、抗がん剤と放射線による治療を受けているという。私は一日も早い回復を願っておさづけを取り次いだ。

○月×日

常勤講師として勤める私が、Kさんの「毎日おたすけ」を担当することになった。Kさんは抗がん剤の副作用で苦しむ日もあるが、気分の良い日には神様のお話もさせていただける。

「親神様は、人間が陽気ぐらしをするのを見て共に楽しみたいと、人間をお創《つく》りくださったのです。親神様は子供である人間をたすけてやりたいとの親心でいっぱいなのですよ」と話すと、Kさんはうなずきながら素直に聴いてくださる。心の澄んだ方だと思った。

○月×日

多発性骨髄腫は場所を変えて発症し、Kさんは入退院しながら治療を続けられ、今回五回目の入院である。神様を信じ、おさづけの取り次ぎを頼りにされるKさんと共に、おつとめの練習を始めた。

きょうは病室で一緒におつとめを勤め、お

さづけを取り次ぐと、「心がすっきりして、体も楽になりました」と喜ばれた。

「おつとめを勤めることが、陽気ぐらしの元になるのですよ」と、おつとめの理合いについて話すと真剣に聞いてくださった。Kさんはきっとたすかる、と感じた。

○月×日

きのう再入院したKさんを訪ねた。

「先生、こんなになってしまいました」と指さしたお腹《なか》は腹水でパンパンに膨《ふく》れ、まるで臨月を迎えた妊婦さんのようだ。身動きも取れず、つらそうに肩で息をしている。いままでどんな苦しい中をも乗り越えられたことを思うと、私はいたたまれない気持ちでいっぱいになった。おふでさきの、

月日にハせかいぢうハみなわが子
かハいゝばいこれが一ちよ（十七 16）

とのおうたが心に浮かんだ。私は「必ずご守護いただきましょう」と励まし、おさづけを取り次いだ。

○月×日

Kさんの容体は悪く、再入院から一週間が経《た》つが、腹水は一向に引かない。親族が次々とお見舞いに来《こ》られる毎日だ。

「お医者さんには、このお腹で生涯過ごさねばならないと言われました」とKさん。その

言葉で、私は目の前が一瞬真っ暗になったが、こんなときこそおたすけ人が勇むときだと自分に言い聞かせ、「こんななかでも私と共に親神様のご守護を信じていけますか？」と尋ねた。すると「いままで何度もたすけていただきました。これからも先生と共に神様を信じていきます」と答えられた。

○月×日

二人で一心にお願いし続けるも、Kさんの容体は変わらず、顔色も悪くなってきた。お腹は膨れたままで、輸血しながらの懸命の治療が続く。

私が「教祖《おやさま》におすがりしましょう」と励ますと、Kさんも「教祖、どうかお願いします」と合掌《がっしょう》して祈られた。

きょうは、以前上級教会の会長様から聞かせていただき、いまも私の心に強く残っている話をKさんにした。それは、神様に参拝するとき、まず生かされている命のお礼を申し上げ、次にお借りしている体を痛めていることをお詫《わ》び申し上げ、最後にお願いをするという話である。

Kさんは、つらい状態のなかにも「よく分かりました」と答えてくださった。

○月×日

Kさんが再入院して四週間。神様へのお礼

とお詫びに徹する心をお受け取りいただけたのか、腹水が徐々に引き、少しずつだがお粥《かゆ》を食べられるまでにご守護いただいた。Kさんの顔からは不安が消え、春が来たように顔をほころばせた。

○月×日

Kさんの退院の話が持ち上がった。この機会にと、私は「きょうの日があるのは、三年前、あの青年さんのひと言のにをいがけのおかげです。神様のご守護とその教えを忘れては、人の幸せはありません。教会にしっかりと運び、そしてお導きいただいてくださいね」と話した。

「分かっております。必ず実行いたします」とKさんは誓ってくださった。

私たちはぺしゃんこになったお腹に「尊い経験をさせてもらい、ありがとうございました」とお礼を言い、「このお腹がねえ……」と顔を見合わせて笑った。

ひと言のにをいがけが人の運命をも変える。そのことをあらためて感じたKさんのおたすけであった。

自分のためでなく、人のために

堂山榮次《どうやまえいじ》
東京都練馬《ねりま》区・大江戸《おおえど》分教会前会長

○月×日

八十代の女性よふぼくIさんの病室を訪ねた。右股関節《こかんせつ》を骨折したIさんは、二カ月ほど前に「憩《いこい》の家」本院で手術を受け、そして二十日前にリハビリのため白川《しらかわ》分院へ来《こ》られた方である。

「毎日、朝づとめに参拝されるIさんの晴れ晴れとした笑顔を見るたびに、私も嬉《うれ》しくなります」と言うと、「おかげさまで、右股関節はほとんど痛まず、杖《つえ》を使って歩けるまでにご守護を頂きました」と喜ばれた。

Iさんは、二十五年前に修養科を修了してから教会への日参を続けられ、月次祭の参拝も欠かしたことがなかったが、八十歳を過ぎたこのごろは、月次祭に参拝するだけになっていたという。

「退院したら、もっと教会へ足を運ばせていただき、ご恩報じのひのきしんをさせていただく心を定めております」と、勇む胸のうちを話された。

○月×日

半年前に脳腫瘍《のうしゅよう》の手術を受け、その後リハビリのために本院から白川分院に来られた六十代の女性Yさんを訪ねた。

Yさんは、手術後十数日間も意識不明の状態が続き、その後も寝たきりだったそうだが、だんだんと回復されリハビリができるまでになったという。

おさづけを取り次いだ後、「礼拝棟で勤める朝夕のおつとめに、ぜひご参拝ください。体が不自由ななかを続けて参拝され、ご守護いただかれた方が大勢おられますよ」と参拝を勧めてみた。

するとYさんは「半月ほど前に一度連れて行ってもらいましたが、信仰しておりませんし、一人で歩けませんので……」と答えられた。私は「車いすの患者さんは、私たち講師が毎朝食堂まで迎えに行きます。Yさんも一緒に参拝しましょう」と、あすの朝迎えに行くことを約束した。

○月×日

朝づとめ前に、約束通りYさんを迎えに行った。きょうはYさんをはじめ、十数人の患者さんと朝づとめを勤めた。白川分院の朝づとめでは、てをどりまなびの後に『稿本天理教教祖伝逸話篇』を、参拝者と共に拝読させていただいている。そして拝読に続き、参拝された患者さん方におさづけを取り次いでいる。

私はYさんにおさづけを取り次ぎ、「生かされているお礼とともに、ほかの患者さんのたすかりを祈る気持ちで参拝を続けましょう。親神様、教祖《おやさま》がお喜びくださいますよ」と話した。

○月×日

けさ、歩行器を使って礼拝所へ来られたYさんは、「おかげさまで一人で参拝に来ることができました」と喜びいっぱいの笑顔であった。

私は「これも毎日リハビリをがんばられたおかげですね。それとYさんが毎日朝づとめに参拝されて、自分のことだけでなく、ほかの人のために祈られているからだと思いますよ。神様は、『人たすけたら我が身たすかる』とお教えくださいます。次は、Yさんが患者さんの車いすを押して、参拝に来ることを目指しましょう」と励ました。

参拝後、私は病室を訪ねて、向上心旺盛《おうせい》な

Yさんに、おつとめの理について話し、おてふりの練習をさせていただいた。

○月×日

きのう白川分院の月次祭に参拝されたYさんは、「初めて月次祭に参拝しましたが、大勢の方が熱心に参拝されている姿に、心に響くものを感じました」と感想を述べられた。

私は「毎月二十六日に天理教教会本部で勤められる月次祭では、人間創造の元の場所であるぢば・かんろだいを囲んでおつとめが勤められます。よろづたすけを願い、陽気ぐらしの世界建設を祈願するおつとめです。白川分院の月次祭も同じ思いで勤めています。Yさんも感謝とお礼の気持ちで毎月参拝し、『みかぐらうた』を唱和して、世界一れつの陽気ぐらしと入院患者さんの病気平癒《へいゆ》を願ってください。私は、不自由な体をも厭《いと》わず参拝される患者さんたちと一緒におつとめをさせていただくのを楽しみに、毎月、東京から勇んで帰らせていただいているのですよ」と信仰の喜びを伝えた。

○月×日

Yさんが、歩けないTさんの車いすを押しながら礼拝所に来られた。YさんがTさんの車いすを押して朝づとめに参拝されるようになってから、二カ月余が経《た》つ。

Yさんは「おかげさまで退院が決まりました。先生、私が退院したあと、Tさんの送迎をお願いします」と頼まれた。

私は「おめでとうございます。本当によかった。Tさんの送迎は承知しましたから安心してください」と引き受けた。

振り返るとこの五カ月の間に、車いすで送迎してもらいながら朝づとめ参拝を始められた未信仰のYさんが、自分で歩いて来られるようになり、さらにほかの患者さんの車いすを押して参拝されるようになった。

私は、毎朝拝読させていただいた逸話篇から学ばれた教祖の親心を胸に、Yさんが陽気ぐらしへとさらなる歩みを進められることを心から祈らせていただいた。

郵 便 は が き

料金受取人払郵便

天理支店
承 認
394

差出有効期間
平成24年 2 月
29日まで

632-8790

日本郵便天理支店 私書箱30号
天理教道友社

「陽気ぐらしへの扉」係行

※書ける範囲で結構です。

お名前	(男・女) 歳
ご住所（〒 - ）電話	
ご職業	関心のある出版分野は

天理教信者の方は、次の中から該当する立場に○をつけてください。
• 教会長 • 教会長夫人 • 布教所長 • 教会役員
• 教人 • よふぼく • その他（ ）

ご購読ありがとうございました。今後の出版物の参考にさせていただきますので、下の項目についてご意見をお聞かせください。

この本の出版を何でお知りになりましたか。

1．書店の店頭で見て（書店名　　　　　　　　　　　　　　　）
2．『天理時報』『みちのとも』『人間いきいき通信』を見て
3．インターネットを見て
4．人にすすめられて
5．その他（　　　　　　　　　　　　　　　　　　　　　　　）

本書についてのご感想をお聞かせください。

道友社の出版物について、または今後刊行を希望される出版物について、ご意見がありましたらお書きください。

ご協力ありがとうございました。

よふぼくとしての大きな喜び

丸尾豊子《まるおとよこ》
兵庫県明石《あかし》市・攝《せつ》の神《かみ》分教会前会長

○月×日

おぢばで迎える朝は清々《すがすが》しい。詰所ではいつも四時に目を覚まし、患者さんのたすかりと、きょう一日を粗相《そそう》なくつとめられることを願い、十二下りのてをどりまなびを勤める。それから本部神殿へ参拝し、おぢばで御用をさせていただける身のありがたさを切に感じながら、事情部当番日の一日は始まる。

五十代で未信仰の男性Uさんを訪ねる。Uさんは特発性血小板減少性紫斑《しはん》病という難病である。「教祖《おやさま》、よろしくお願いします」と、そっとおまもりに手を当て、入室した。

「先生、なんでこんな病気になるんですか！」と突然尋ねられた。「教祖！」と再びおまもりに手を重ねた私は、「身内の大切な方と仲良くしておられますか？」と尋ね、Uさんの肩にそっと手をかけた。

Uさんは「弟が悪いんだ」と、弟さんとうまくいっていないことを明かされた。

「神様は、Uさんが兄という立場にあり、家を守っていく大切な方だからこそ、大きな心になり、兄弟仲良くたすけ合って暮らしていくようにと、この病気を通しておっしゃっているのではないでしょうか」と、私は心に浮かぶままを話した。

Uさんの祖母は生前、天理教を信仰されていたという。「おばあさんもきっと心配されていると思いますよ。神様は、陽気ぐらしを楽しみにこの世と人間をお創《はじ》めくださいました。陽気ぐらしをするためには許す心も大切です」と言うと、「弟と仲良くすればたすかりますか？」とUさんが尋ねた。

「弟さんだけでなく、自分の周りの人みんなと仲良くたすけ合って、陽気に暮らす心になりましょう」と話すと、だんだんとUさんの顔が明るくなってきた。

おさづけを取り次ぐと、Uさんは「ありがとうございました。よく分かりました」とお礼を言われた。私は「教祖、ありがとうございます」とおまもりに手を当てて、心の中でお礼申し上げた。

○月×日

一度は退院されたものの、月が変わって再び入院となったUさんを訪ねた。「先生に話を聴かせてもらってから、すっかり元気になって退院することができたのですが、日が経《た》つにつれて、心は元に戻ってしまって……。また来てしまいました」と笑っておられた。

さらに「これって、性分《しょうぶん》というやつですね」と。

「教祖は、『やさしい心になりなされや。人を救《たす》けなされや。癖《くせ》、性分を取りなされや』とお教えくださいます。性分を変えることは難しいですよね。でもUさんならがんばれると思います」と励ますと、「ありがとうございます。がんばってやさしくなるように心掛けます」と元気よく答えられた。Uさんの素直な言葉に嬉《うれ》しくなった私は、おまもりに手を当てて、教祖にお礼申し上げた。

○月×日

Fさんを訪ねた。Fさんは四十代の未信仰の男性で、一週間ほど前に胃がんの手術を受けた方だ。術後の経過も良好で、同室の方と歓談されていた。

「いいお顔で気分が良さそうですね」と言うと、「痛い目に遭《あ》いましたが、だいぶ調子が良くなってきました」とFさん。

「元気なときは、いくらでも自由に動けると思っておられたでしょう？」と聞くと、Fさんは「その通りです。まさかこんな病気になるとは思ってなかったけれど、これまで勝手気ままにしてきたから、罰が当たったんでしょう」と言われた。

私は「罰なんかではありませんよ。神様がお知らせくださったんだと思いますよ」と、体が神様からのかりものであり、その体を自由に使えることに感謝することの大切さについてお話しした。

さらに、「働くというのは、はたはたを楽にするから〝側楽《はたらく》〟と言うのだと教えられます。働くという字は『にんべん』に『動く』と書くでしょう。一日一日を喜んで、人のために動けたならば、それは働いたことになるんだと思います」と言うと、Fさんは「初めて天理教の話を聞きました。人が喜んでくれる働きが本当の働きなんですね。本当にありがとう」と何度もお礼を言ってくださった。

いまだお道の教えを知らない人に、親神様の思召《おぼしめし》を伝えることができたら、こんなにありがたいことはない。

○月×日

病棟の廊下でFさんと出会った。顔を合わすなり、「けさ、本部に参拝しました。先生と神殿で出会ったら、喜んでくれるだろうと思ったんです」と。

病室へ戻ってからも「神殿は大きいなあ。参拝していると気持ちが良くなり、すかっとしました。こんな気持ちになったのは初めてです。なにか世の中が明るくなったような気がしました」と、その感激を話された。私は、陽気ぐらしというのは、こんな心から始まるのではと、心から嬉しく思った。

「まず毎日のお礼を申し上げ、そのあとは何でもお願いさせてもらっていいんですよ」と言うと、「これからそうします。先生ありがとう」とFさん。

私は、なんと素直な方なんだろうと、あらためて感じるとともに、親神様、教祖の親心を少しでも分かっていただけたことに、よふぼくとしての大きな喜びを噛《か》み締めた。そして、お礼の十二下りを勤めて、無事に一日をつとめ終えた。

きょうも笑顔で病棟へ

北野忠信《きたのただのぶ》
奈良県河合町《かわいちょう》・廣瀬《ひろせ》分教会長

○月×日

朝礼で長期勤務の講師が読み上げる「伝達事項」に、「患者さんの言葉に耳を傾け、その気持ちを聴かせていただくことを心掛けてください」との一節がある。これを心に置いて、一日のおたすけが始まる。

「さあ、きょうも笑顔で」と自分に言い聞かせながら「おたすけ録」に目を通し、四十代の男性Sさんのおたすけに行く。

Sさんとは初対面である。顔色が極めて悪く、この方の病状はただ事ではないと直感した。あいさつをして病状を尋ねると、元気のない声で「どんどん下がっていますす」との返事。「下がっている」のが白血球の数値なのか、それとも病気の状態をいうのか分かりかねていると、それを察したのか、「すべて悪いです。食事も摂《と》れないのです」と話し始めた。

Sさんは骨髄《こつずい》異形成症候群で、骨髄移植を受けるために「憩《いこい》の家」へ来たという。

おさづけを取り次ぎ、「人間をお創《つく》りくだされた神様にもたれましょう。きっとたすけてくださいます」と励ますと、初めて笑顔を見せられ、合掌《がっしょう》された。信仰について尋ねると「教会へお参りしています」とのこと。嬉《うれ》しくなった私は、今後も伺うことを約束して退室した。

○月×日

「Sさん、こんにちは」。骨髄移植を受け、クリーンルーム（空気清浄機付きの個室）におられるSさんに声を掛ける。先日より少し元気そうでほっとする。移植後の治療は順調のようで、白血球の数値が少しずつ上がってきているという。

きょうSさんは、家の信仰歴を詳しく話してくださった。そこで、これからの治療がうまくいくよう、さらにはよりいっそう信仰を深められるように「毎日おたすけ」を受けることを勧めてみたところ、「よろしくお願いします」と答えられた。私は「神様にお聞き届けいただけますよう、毎日、理づくりさせていただきます。Sさんも前向きな心で治療を受けてください」と励ました。

○月×日

講師間で連携しながらのSさんのおたすけが続く。再び白血球の数値がゼロに近くなってクリーンルームに移られた。

このところクリーンルームを出たり入ったりの状態。気持ちが焦っておられるのがよく分かり、掛ける言葉がなかなか見つからない。しかし日によっては「きょうは食事が摂れました」「トイレに行けました」などと、嬉しそうに話されるのを、わがことのように喜ばせていただく。

○月×日

入院されてから半年が過ぎた。病状は好転したとは言えないが、本部神殿へ参拝できるようになった。教会の会長さん、前会長さんにも思いを聞いてもらい、顔つきもずっと穏やかになってきた。

○月×日

おたすけに出向く患者さんの確認に看護師詰室へ行くと、看護師長が「先生、Sさんはすごいですよ」と言われる。

看護師がSさんに「がんばってますね。強いですね」と励ますと、「強いのはあなたたちです。だから、それを見て私もがんばれます」とSさんが答えたという。師長と私は、互いに確かめ合うように「たすかりますよね」と言葉にした。

医師、看護師、そして事情部講師を含めたスタッフの「たすかってもらいたい」という一手一つの思いが患者さんに通じ、心が合わさったとき、初めて親神様、教祖《おやさま》に受け取っていただける。そこが「憩の家」が他の病院とは違うところなんだとあらためて思った。

そして、身上《みじょう》のたすかりを願うとともに、一歩でも親神様、教祖の御《み》心に近づいていただけるようにおたすけさせていただかなければと心に誓った。

○月×日

一年近いご縁であったが、本部祭典日の前日、まだまだこれからという若さで、Sさんはその生涯を閉じられた。

思い返せば、ターミナル期に入ったころからは、体調の良いときだけの入浴であったが「車いすで入る風呂、すごいですよ。感激しますよ」と話し、また、色紙やはがきに趣味で描いた花の絵の水彩画に、何篇かの詩を書き入れられた。

踏まれたっていい
深く長く根を張ったから
絶対華を咲かせてやるんだ
と自分を励まし、そして、

旬に来る節《ふし》
嬉し、悲し、辛《つら》い、痛い、
つぎ来る節はきっと楽しい

と、あすを楽しみにされた。さらには、
自分はスーパーマンじゃないんだ
まわりのスーパーマンたちに
守られたんだ

と、常に周りのスタッフに感謝し、そして何より家族を気遣い、大切にされた。

Sさんは身上を返されたが、心は成人されたと思うとともに、親神様に抱かれた魂が、一日も早く生まれかわってこられることを願わずにはおれない。

○月×日

Sさんのおたすけを通して学んだ、心だすけを胸に刻み、きょうも笑顔で患者さんの待つ病棟へ出向く。

前向きに素直に受けとめる心こそ

滝井美代子《たきいみよこ》

神戸市垂水区《たるみく》・名田《なだ》分教会前会長夫人

○月×日

当番の初日、担当病棟に入院しているAさんを訪ねた。Aさんは五十代の男性で、肺がんを患い、抗がん剤治療を受けている。奥さんが毎日付き添って世話をされている、仲の良いご夫婦だ。「はじめまして」とあいさつをした後、病気を通して神様の思召《おぼしめし》を思案することの大切さを、ひと言お話しした。

Aさん夫妻は未信者だが、興味深そうに私の話に耳を傾け、おさづけの取り次ぎにも素直に応じてくれた。その後も会話が弾み、やがて、隣のベッドの患者さんとその奥さんも話の輪に加わった。このご夫婦とは、同じ病気ということから親しくなったそうだ。

隣のご夫婦は信者なので、お道のことが頻《ひん》繁《ぱん》に話題に上る。その中から、Aさん夫妻も信仰に興味を持ち始めたという。

患者同士がつながり合う「憩《いこい》の家」ならではの光景を嬉《うれ》しく思った。

○月×日

Aさんは、奥さんが付きっきりだった状態から、だいぶ落ち着いてこられたようなので、奥さんに「神殿へ行って、お礼参拝をされては？」とお誘いした。すると、「無信仰ですが……」と言いながらも気持ちよく受け入れてくれた。

南礼拝場でおつとめを勤めた後、案内をしながら教祖殿、祖霊殿と参拝させていただいた。すると奥さんは、回廊ひのきしんに勤《いそ》しむ人を見て「あれがひのきしんですね。私もさせていただいていいんですか？」と尋ねられた。「もちろんですよ。感謝と喜びの心で拭《ふ》かせていただきましょうね」と言って、一緒に回廊拭きをしていると、奥さんがこんな話をしてくれた。

隣のご主人の病状は、夫よりもっと重い。にもかかわらず、自分より若い奥さんが、信仰を支えに明るく振る舞う姿に感じ入っているということだった。

「ひのきしんの意味も、その方に教えてもらったのです」と言われた。奥さんの前向きな気持ちに、私も嬉しくなった。

〇月×日

月が変わったきょう、Aさん夫妻から「先生、本当にお世話になりました」と退院のお礼を言われた。奥さんは、あの日以来、神殿参拝と回廊ひのきしんを毎日続け、「憩の家」七階講堂の夕づとめに参拝してから帰宅されていた。私は、そのことをねぎらった後、「奥さん、あなたの真実を、神様がお受け取りくださったのですよ」と話した。

別れ際、奥さんは「主人が入院したおかげで、感謝の心を教えていただき、いい経験をさせていただきました。これからも、生活の中に取り入れていきたいと思います」と笑顔で話された。

〇月×日

三十代の男性Tさんのベッドへ向かう。Tさんは現在、修養科一カ月生。事情から修養科に入ったが、体調を崩して「憩の家」で診察を受けたところ、肺がんと分かり、手術が必要とのことであった。しかし、Tさんは手術に踏みきれずにいた。

「肺がんは、手術できない方が多いと聞きますから、手術ができるということだけでも大きなご守護ですよ。だから手術を受けて、一日も早く修養科に戻りましょう」と励ました。

おさづけを取り次いで、しばらく話していると、Tさんの表情に明るさが戻り、手術を受ける気になってくれた。

○月×日

術後のおたすけにTさんを訪ねる。回復は順調とのことだが、なぜかTさんは元気がなかった。おさづけを取り次ぎ、話を聞いていると、やがてTさんは心の内を話し始めた。

父親が事情教会を預かることになり、Tさんは今後の進路への不安と、将来に道をつないでいく責任感の狭間《はざま》で、悩んでいるようだった。この日はひたすらうなずきながら、Tさんの思いを聴かせていただいた。

○月×日

数日後、病棟の廊下を歩いていると、後ろから「先生」と呼ぶ声がする。Tさんだった。

「きょう、修養科のクラス担任の先生と友達がお見舞いに来てくれたんです。みんなでお願いづとめと回廊拭きをしてくれていると聞いて、すごく嬉しかった」と笑顔で話した。

先日の落ち込みが嘘《うそ》のような表情のTさんに、私は「クラスの皆さんの真実を無駄にしないようにね」と声を掛けた。

○月×日

鮮やかなご守護と周囲の励ましを頂いて、二週間ほどで退院し、修養科へ復帰したTさん。そしてきょう、外来受診に訪れたTさんと再び会った。

顔を合わせるなり、「クラスのみんなと楽しくがんばっています。修養科を了《お》えたら、検定講習を受講しようと思って」と話す表情は輝いていた。「にをいがけ・おたすけのできるよふぼくになってくださいね」と、おぢばの理で心身ともにご守護いただき、新たな道を目指す彼を激励した。

Tさんの素直な心に、私自身もおたすけ人として心を引き締め、素直に通らせていただこうと誓った。

心のたすかりこそ真のおたすけ

川口静男《かわぐちしずお》
奈良県東吉野村《ひがしよしの》・勢和《せいわ》分教会前会長

○月×日

Iさんを訪ねた。Iさんは八十代の未信仰の男性で、パーキンソン病を患い、さらに意識障害を起こして、寝たきりの状態である。奥さんが付き添っておられたので、事情部の説明をし、おさづけについてもお話しした。そして、なんとか意識が戻ることを祈って、頭部におさづけを取り次がせていただいた。

○月×日

Iさんとは会話できないので、奥さんと話をしていると、「本部の月次祭に、一度参拝してみたいのですが……」と言われた。おぢばは人間宿し込みの元の場所で、人間創造の守護の理を現して、よろづたすけのかぐらづとめが勤められることは、以前にお話ししていた。そこで、四日後がちょうど秋季大祭の日だったので、立教の意義についても説明し、一緒に参拝することを約束した。

○月×日

朝、Iさんの奥さんと「憩《いこい》の家」の玄関で待ち合わせて、秋季大祭に参拝させていただいた。

奥さんは、かぐらづとめ、十二下りのてをどりの間も真剣に参拝され、そして真柱《しんばしら》様の祭典講話を最後まで聴かれた。

何か感じるものがあったようで、祭典後「きょうは参拝させていただいて、本当に良かったです。ありがとうございました」とお礼を言われた。

○月×日

きょう、Iさんの奥さんは別席を運ばれた。昼夜縁というものは、実に不思議なものだ。知人の紹介で、Iさんに付き添っている奥さんは、時折信者詰所に宿泊されるようになった。偶然にも、そこは私の所属する大教会の詰所であった。そして、詰所勤務の女性Yさんが、夜遅くに帰ってくる奥さんのお世話を親切にしていた。偶然は重なるもので、Yさんは私の教会のよふぼくだった。

奥さんはYさんと気が合い、何でも話せる仲になっていたが、おたすけに来る講師の話や夕席の話を聞くうちに、もっと深く神様のお話を聞きたい気持ちになったという。そういうことから、初席を運ぶことになったのである。Iさんの奥さんの素直な心を嬉《うれ》しく思った。

○月×日

Iさんの容体は、変化のない日が続いている。患者さんにたすかっていただくことが、われわれ講師の第一の務めではあるが、患者さんを通して、その家族の方々に親神様の思《おぼし》召《めし》を分かってもらうのも大切なことだ。私は、

Iさんの奥さんをはじめ、時折交代で付き添われる家族の方にも、おさづけの理の尊さや、教えの理を取り次がせていただいている。

奥さんは別席を運ぶなか、「主人はいつも事情部の先生におさづけを取り次いでもらっていますが、私も早く主人におさづけを取り次げるようになりたいです」と言われた。短期間のうちにそのような気持ちになってくださった奥さんの純粋な信仰心に心を打たれた。

○月×日

きのうIさんの奥さんは、尊きおさづけの理を拝戴《はいたい》された。Iさんは、一週間ほど前から「憩の家」に再入院されており、付き添い

をしながらの拝戴となった。

夜、奥さんが病室に戻ったところ、病棟の看護師長をはじめ看護師から、「おめでとうございます」と祝福されたそうだ。

奥さんは「本当にびっくりしました。それから胸がいっぱいになって、おさづけを拝戴した実感が込み上げてきました」と話された。その後すぐに、無我夢中でIさんにおさづけを取り次いだという。「きょうは、朝、昼、晩と三回取り次がせていただきます」とのことだ。

私は「ご主人だけでなく、他に苦しんでいる人があれば、ぜひおさづけを取り次がせてもらってくださいね」と話した。

○月×日

事情部のおたすけを終えて詰所へ戻ると、Yさんから「きょうIさんの奥さんにおさづけをしてもらいました」と聞いた。

体調を崩していたYさんが久しぶりにIさんの見舞いに行くと、奥さんが「それでは私がおさづけをさせていただきます」と、早速病室でおさづけを取り次いでくれたということだった。

「おたすけに行った自分が、逆におさづけを取り次いでもらい、びっくりしました。なんて素直な信仰なんでしょう」と、Yさんは感激しながら話してくれた。

○月×日

「最初は、おさづけの理を戴《いただ》いて主人に取り次げば、必ずたすけていただけると思っていました。主人の状態はいまも変わりませんが、このごろは現状を維持していることがご守護だと思えるようになり、毎日喜んでおさづけを取り次がせていただいています」

私は奥さんの言葉を聞いて、わずか一年足らずの間にこれだけの成人の姿を見せていただいたことに、心から感謝した。

Ｉさんのおたすけを通して、病気がたすかることも大切だが、心がたすかることはもっと大切だとあらためて感じた。おさづけの取り次ぎによって魂は磨かれてゆき、それがきっと来生へとつながっていくことであろう。

忘れられない大きな瞳

長《なが》尾《お》輝《こう》一《いち》
仙台市太白《たいはく》区・仙徳《せんとく》分教会長

○月×日

大きな目だった。深々と侵食してくる病に怯《おび》えた暗く大きな目は、私の心臓を射抜いた。

彼は五十代。特に信仰はない。三度目の入院で末期の食道がんだという。

彼の精神状態は安定を欠いていた。だからといって、感情移入が過ぎると、こちらも不安定になる。

およそ人の痛みは、どんなに想像を凝らしても分かるものではない。できることは自分の痛みの経験に橋をかけて、人の痛みに近づくことぐらいだろう。

顔色が悪い。放射線治療のせいだろうか。安易な励ましは無責任だ。まずは状態を聞くことにする。

「夜が怖い」と言う。「朝の目覚めがなければ、家族と共に体験した思い出の数々も風景もすべて消えてしまう」と、彼は大きな目に涙を浮かべた。おそらく幾度も眠れない夜を過ごしたに違いない。

涙の量だけ心の落ち着きを取り戻せるのなら、泣きたいだけ泣くに限る。

おさづけは素直に受けてくれた。

○月×日

彼はまだ若い。迫りくる死を納得できずにいる。なぜこの私があとわずかなのかと、もがいている。

彼はベッドに腰かけて陽《ひ》に映える神殿を眺《なが》めていた。私が座ろうとすると、例の大きな目で一瞥《いちべつ》して、「先生は元気、私は病気、接点はありません。もう話すことも聞くこともありません」と顔を曇らせた。それでも私は話しかけた。

私の父は十歳で実母を亡くし、継母《ままはは》に虐待《ぎゃくたい》されて十二歳の時、家を出た。その後の辛酸は語るべくもない。「ひと息に銃弾で撃ち抜かれたほうがましだった」と、父は酒を飲みながら言ったことがある。その父が、わが子の病を天理教の布教師にたすけられて別席を運び、やがて教会をつくろうと心を定めた。

それも束《つか》の間、父は脳梗塞《のうこうそく》に倒れ四十七歳

で出直した。病の淵《ふち》から父は母に謝罪した。「ゆるしてくれ。苦労をかけた。これもわしの運命だろう。覚悟はしている。しかし、また生まれかわってくるよ。今度こそは思い切り仕事をして、親孝行して、おまえを喜ばせて、子供たちとも遊びまわるよ。来生もよろしくな」と、それまでの屈折した破滅的な生きざまとは、まるで正反対の言葉の羅列であった。父の言葉に母は激しく泣いた。その場にいた私も母と共に号泣した。

私は長々と父の話を続けていた。すると、彼は突然話し始めた。

「私は、先生のお父さんみたいなつらい道を通ったわけではありません。会社をつくり、家族に苦労もかけたが、懸命に生きてきた。好きなゴルフも博打《ばくち》もしたし、恋愛も結婚もした。それでいていま、なぜか空《むな》しい。それに大きな心残りがある。年老いた母を残していくことだ。一人息子の私が母より先に逝《い》ってしまうと思うと、胸がつぶれそうだ」

彼の疲れ切った目から大粒の涙が溢《あふ》れ出た。

別れ際、私は彼に言った。二日後、私の教話放送があるから必ず聞いてほしい。これはあなたに語りかける放送だからと、約束をして病室をあとにした。

○月×日

教話放送の日。マイクに向かった。

「Fさん、聞いてますか。闘病生活は過酷なものですね。死は、誰《だれ》しも避けられないものである限り、どう肯定的に向き合えばいいのか、私も信仰者としてずっとそのことを考えてきました。

しかし、どう考えても、今生に交えた情の世界を断ち切ることはできそうにありません。死は死にまかせるよりほかないのでしょうね。

ただ、死は終わりではなく、それは同時に始まりなのだと、この道では死を出直しと説くのです。生あるうちに心を立て直して人生をやり直すというのが出直しの本来の意味ですが、死もまた、生まれかわり出かわる魂のやり直しの時なのです。

あなたはがんばって生きてきた。それでもなお『今生は拙劣《せつれつ》で矮小化《わいしょうか》された人生だった。よし、来生こそは』と思えたら、その瞬間に人生も魂も一変する。

そして、残された者が抱く喪失感にも思いを馳《は》せるべきでしょう。配偶者や子供を亡くして、その後の人生にうまく立ち向かえなかった人たちを何人か知っています。私の母や家族が救われたのは、父の最期《さいご》の言葉があったからです。

Fさん、あなたは神がこの世に送り出した確固たる存在です。この神の思いに応《こた》えるすべがあるとしたら、それは比類なき絶対の感謝以外にないだろうと思うのです。どうか、途方に暮れているだろう家族の手を握り締めて絶対の感謝を伝えてください。

Fさん、僕はあなたです。いくばくかの時間差があるだけです。そして、お互い出直しの時は、軽やかに風に乗って暫《しば》しの旅に立ちたいものです」

○月×日

その後、教会に手紙が届いた。

「放送を聞きました。その直後、母と妻と娘が来たので私の覚悟を伝え、共に涙が涸《か》れるまで思い切り泣きました。ありがとうございました」と書かれてあった。

仲間の講師から彼の出直しを知らされた。

少年のように微笑《ほほえ》んだ彼の大きな目がよみがえった。

骨髄移植を乗り越え真のおたすけ人に

小西《こにし》ゆきの
奈良県宇陀《うだ》市・明東《めいとう》分教会長夫人

○月×日

知人からおたすけの依頼を受け、骨髄《こつずい》移植を受けるため入院している三十代の女性Kさんを訪ねた。教会で生まれ育ったKさんは、先天性赤芽球癆《せきがきゅうろう》という生まれつき赤血球ができない病気で、生まれてから今日まで二週間に一度、輸血を受けてきた。

幼いころは学校へ行くのは無理だと言われていたが、両親から毎日おさづけを取り次いでもらい通学していたという。

「大勢の方のお祈りや真心の献血に支えられて、きょうまで命をつないでいただきました」と話すKさん。

三十年以上も輸血を続けてきた人の骨髄移

植は日本でも例がないが、医療技術の進歩により安全性が向上したことから、医者が移植を勧めてくれたという。父親からの「教祖《おやさま》百二十年祭という旬に、思いきって受けてみてはどうか」との後押しもあって、Kさんは移植を受ける決心をした。

私は骨髄移植が順調に進むことを願い、おさづけを取り次いだ。

○月×日

朝、病室を訪ねると、Kさんから「きのう隣のベッドにいた患者さんが、輸血の最中に呼吸不全を起こし、ICU（集中治療室）へ運ばれた」と聞かされた。

Kさんは、これまで九百回を超える輸血を受けてきたが、一度も拒絶反応が起こらなかったという。

私は「いままで何も無かったことが親神様の大きなご守護ではないかしら。そのご恩にお応《こた》えするためにも、これからは自分のお願いだけでなく、同室の方におさづけを取り次がせていただきましょう」と話した。

○月×日

移植前には、自分の骨髄のはたらきを無くすため、抗がん剤の大量投与と全身への放射線照射による治療が必要だ。

「赤血球以外は正常に機能しているこのかり

ものの体を痛めつけてもいいのかしら」と不安を訴えるKさんに、私は自身の身上《みじょう》の話をさせていただいた。

五年前にC型肝炎が悪化した私は、医者から薬の効かないタイプだと告げられた。それでも「神様の御用はなんでも素直に聞かせてもらいます」と心を定め、治療をしたところ、鮮やかにご守護いただいた。

「親神様、教祖に喜んでいただける真のおたすけ人にならせてもらう心を定めましょう」と、Kさんに心定めを促した。

○月×日

骨髄移植の日を迎えた。移植は近年、成功率が高くなったとはいえ、出直される患者さんもいて危険が伴う。

Kさんは入院するに当たり、出直すことをも覚悟して身辺を整理。入院当日には本部神殿でお礼参拝をしてから病院へ向かったという。

「実は入院の日が偶然にも私の誕生日と重なったんです。それで教祖殿へ行って、きょうまでお連れ通りいただいたことを教祖にあらためてお礼申し上げました。そしたら『移植は誕生日プレゼントよ』という声がしたような気がしました」と、目に涙を浮かべながら話してくれた。

私は移植が無事に成功することを祈り、き

ょうから十二下りのお願いづとめをさせていただく心定めをした。

○月×日

移植から三日目。本部月次祭に参拝した後、病室を訪ねた。移植後は骨髄のはたらきが停止し、白血球の数値がゼロになる状態が一時期続くため、Ｋさんはクリーンルーム（空気清浄機付きの個室）に入っている。

「祭典中、イヤホンから聞こえるみかぐらうたを唱和させていただきました」と話すＫさん。またドナーになった姉が、何事も人さまに合わせるとの心定めをしてくれたという。

私は移植された骨髄が一日も早く生着《せいちゃく》するようにと、おさづけを取り次いだ。

○月×日

移植した骨髄がＫさんの体に生着し始めた。しかし喜んでばかりはいられない。しばらくは、新しい骨髄でできた白血球が、自分の体を攻撃するというＧＶＨＤ（移植片対宿主病《いしょくへんたいしゅくしゅ》）との闘いになる。

私は、ＧＶＨＤが短期間で治まることへと願いの筋を変えて、おさづけを取り次がせていただいた。

○月×日

きょう、Ｋさんが退院する。移植から四十

日での退院は非常に早い。心配していたGVHDも軽く、看護師たちも「奇跡のようだ」と喜んでいる。

Kさんは、大部屋に居るときには毎日、同室の方々におさづけを取り次いでこられたという。Kさんの真心を親神様、教祖がお受け取りくださったのだと思えた。私は親神様のご守護を目《ま》の当たりにし、思わず手を合わせた。

○月×日

病棟の廊下で、Kさんから声を掛けられた。移植から約一年が経《た》つ。「この一年で、四人の初席者をご守護いただきました」と嬉《うれ》しそうに話してくれた。

三十数年にわたる闘病生活を経て、さらには骨髄移植を乗り越え、真のおたすけ人として成人の道を歩むKさんの姿に、私もおたすけ人として、よりいっそう勇んでつとめさせていただこうと心に誓った。

病棟でのひと声が教会設立へ

岡崎憲明《おかざきのりあき》
岡山県倉敷《くらしき》市・玉之栄《たまのえい》分教会前会長

○月×日

午前中のおたすけを終えて、講師控室へ戻る途中だった。開かれた個室のドアの向こうに、肩を落としてうなだれているハッピ姿の婦人が目に留まった。

通り過ぎようとしたが、妙に気にかかったので、声を掛けてみた。傍らのベッドには、点滴やドレーン（廃液管）を何本もつけたご主人らしき男性がいた。

声を掛けると婦人は、「私はもう天理教が分からなくなりました」と言う。その訳を尋ねると、次のような事情を話してくれた。

きのうの午後、初席者三人を連れて喜び勇んでおぢばに帰ったが、西礼拝場の石段を上がりかけたとき、ご主人が急にしゃがみ込み、大量の血を吐いた。救急車で「憩《いこい》の家」へ搬《はん》送《そう》してもらったところ、胃穿孔《いせんこう》からの出血であることが分かり、止血処理が施された。婦人は、初席者を詰所の方にお願いして、「憩の家」へと駆けつけた。一夜明け、ようやく個室に入ったところだった。

「奥さん、良かったですね」。とっさにそう言ってしまった。婦人は私をにらみつけた。しまったと思ったが、「どちらからお帰りですか？」と言葉が続いた。

「関東のほうです」と婦人が答えた。

「乗り物は何ですか？」

「新幹線です」

「奥さん、ご主人が新幹線の中で血を吐かれたらどうなっていたでしょうね。京都駅でも困りますね。親神様、教祖《おやさま》が西礼拝場の石段のところまで連れて帰ってくださったのではないでしょうか」と一気に話した。

ここまで言うと、婦人は「分かりました。ありがとうございました」と大きくうなずいた。そこで「奥さん、大きい節《ふし》なら、大きい心定めをされたらどうでしょうか」と手短にお話をして、おさづけを取り次ぎ、病室を後にした。

足早に廊下を歩いていると、「先生、先生」と呼びながら誰《だれ》かが走って来る。振り向くと、さっきの婦人であった。

「先生、心定めができました。田地《でんじ》を一枚お供えします」と言われる。ご主人の容体は五分《ぶ》と五分。生死の境での、婦人の必死の決断であった。

○月×日

婦人のご主人Oさんは六十代で、元公務員である。熱心にお道を通られているが、仕事の関係もあって、奥さんが布教所長を務めている。

三日目になって、Oさんはようやく危機を脱し、意識もしっかりしてきた。私は思いきって奥さんの心定めの話をしてみた。すでに奥さんから聞いておられたOさんは、「よく家内が心定めをしてくれました。いま、二人の息子が反対していますが、退院したら必ず説得します」と力強く言われた。私は、Oさんの固い決意を聞いて安堵《あんど》した。

○月×日

手術から一週間が過ぎて、Oさんの容体は次第に安定し大部屋へと移った。きのうは所属教会の奥さんがおたすけに来《こ》られた。

田地一枚をお供えする心定めを、教会の奥さんは大変喜ばれ、「この機会に、お供えする土地に神殿建築をして、教会にならせてもらってはどうですか」と言われたという。

Oさん夫妻は、突然の話に驚いたそうだが、

Oさんを教会長として、教会設立の心を定められた。私は、二人の真摯《しんし》な信仰に胸が熱くなった。

○月×日

入院してから三カ月近くが経《た》ったOさんは、退院することになった。私はOさんと手を取り合って喜び、親神様、教祖のご守護に厚くお礼を申し上げた。

教会設立へ向けての励ましの言葉を掛け、おぢばでの再会を約束して見送った。

○月×日

退院したOさんは、毎月本部月次祭の参拝に合わせて外来受診され、その都度、夫婦で事情部に私を訪ねてくださる。今月は、修養科生と教会長資格検定講習会の受講者二人を連れて帰られたという。

神殿建築の基礎工事が始まったとのことで、設計図と工事の写真を見せてくださった。いよいよ教会新設へと動き出したのである。

○月×日

Oさんから、上棟式《じょうとうしき》が済み、無事に神殿も落成したという一枚のはがきが届いた。

「春めいてまいりました。一月末より、教会長になるための伏せ込みで、妻と共に大教会におります。四月に教会設立のお運びをさせていただく予定です。教会名には、上級教会の一文字と父の名前の一文字を頂きました」

私は、ねぎらいと励ましの心を込めて、返信の手紙をしたためた。

○月×日

Oさんから手紙の返事が届いた。

「二十六日のお運びで新設教会と新任教会長のお許しを戴《いただ》くことになりました。五月十八日に奉告祭を勤めさせていただきます。今後ともご指導のほどよろしくお願いいたします」とあった。

あの日、病棟で偶然掛けたひと声が、教会設立のきっかけになろうとは……。私の脳裏には、おたすけの日々が走馬灯《そうまとう》のように浮かぶ。

目頭に熱いものがにじんできた。感無量の思いであった。

しあわせの心　Ⅱ

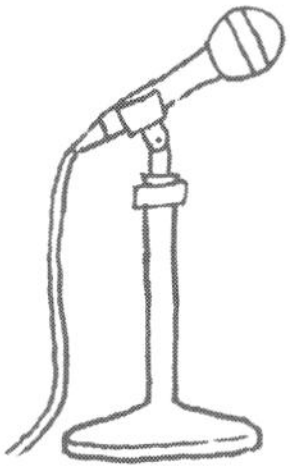

「内輪」の治まり

稲毛《いなげ》通明《みちあき》
秋田県大仙《だいせん》市・大曲《おおまがり》分教会長

日本全国には、たくさんの神社があります。新潟県と山形県の県境に、貧乏神を祀《まつ》っている神社があるそうです。お参りすると、貧乏になるのではなくお金持ちになり、幸福になる神社だそうです。

その神社の近くに住んでいる青年が、貧乏神のご神体とはいったいいかなるものか、一度確かめてみようと、ある夜、神社にこっそり忍び込んで、恐る恐る社《やしろ》の扉を開けてみました。そこには、ご神体らしきものは何一つ見当たらず、ただ古くてボロボロになった「うちわ」が一本あっただけだそうです。青年は「なんだ、ご神体なんてないじゃないか」と思い、このことを父親に話しました。もちろん、大変叱《しか》られたことは言うまでもありませんが、父親はそのあとで「ご神体なんてそんなものさ」と言っただけでした。

次にその青年は、八十歳を超えたおじいちゃんにそのことを話しました。おじいちゃんはしばらく無言でいましたが、突然「そうかそうか」と、大きくうなずいたそうです。そして、青年に言い聞かせました。

「うちわ」とは「内輪」を意味している。内の輪、つまり身内、家庭のことである。その身内、家庭がボロボロになったらどうだ。いくら金持ちであっても、たちまち貧乏になってしまう。家族、家庭の「内の輪」は、いつも新しい「うちわ」のように、丸く、角もなく、それぞれの骨がしっかり一つに結び合っていなければいけない。そうすれば家は栄え、経済的にも恵まれて幸福になるのだと。

私はこの話を聞いて、なるほど、その通りだと感心しました。

私は、二十数年前から保護司《ほごし》、教誨師《きょうかいし》を務めさせていただいております。近年、青少年による犯罪の凶悪化、また低年齢化が大変憂慮《ゆうりょ》されていますが、その原因の一つとも言えるのは、家庭力の弱まりではないかと思います。本来、青少年たちにとって家庭こそが自分の居場所であり、心安らぐ場所であるはずですが、その家庭が崩れ去ってしまっているのではないでしょうか。

先日、あるアンケート調査の結果を聞いて愕然《がくぜん》としました。アジア諸国の中高生に「最も心の安らぐ場所は？」と質問したところ、シンガポールでは八〇パーセントが、フィリピンでは六四パーセントが「家庭」と答えたそうです。一方、日本はというと、「家庭」と答えたのは中学生で一四パーセント、高校生ではなんと六パーセントしかいなかったそうです。先ほどのご神体の話ではありませんが、現在の日本では「内輪」が治まるどころか、「うちわ」がボロボロになってしまっていると言わざるを得ません。

二十数年前のことですが、知人であるKさんの息子さんが、高校一年生の夏休みごろから不登校になりました。深夜徘徊《はいかい》を繰り返し、無免許運転、飲酒、暴力など、無軌道な振る舞いを繰り返しておりました。揚げ句の果てには父親に暴力を振るい、ケガを負ったKさんは休職せざるを得なくなってしまいました。やがて、本人は地元に居づらくなって上京し、それからは音信不通となり、どこで何をしているのか、まったく分からなくなってしまいました。

Kさんから相談を受けた私は、神様のおはたらきを頂戴《ちょうだい》して、Kさんの家庭に幸せを取り戻してもらうにはどうしたらいいのかと考えました。そして考えついたのは、当時、脳梗塞《のうこうそく》を繰り返し、半身不随となって施設に入っていたKさんのお父さんを、自宅に連れ戻してお世話することでした。

私には決して確信があったわけではありません。しかし、木にたとえれば親は根に当たると思います。そして、幹《みき》がKさん夫婦、子供たちは枝葉になるでしょう。根が弱れば幹もやせ、枝葉に養分が十分届かず、果ては枯れてしまいます。根に相当する親に真実の限り孝養を尽くすことによって、必ずや枝先に相当する子供のうえにご守護が頂けると思ったのです。

当時Kさん夫婦には、音信不通になった長男の下に、小学生と中学生の弟と、妹の三人がおりましたが、二町歩《ちょうぶ》余りの田畑の仕事もあって、動けなくなったお父さんの世話などとてもできるような状態ではなかったのです。しかし私はあえてそれを提案させてもらいました。この節《ふし》を乗り越えるには、いま一度、親であるお父さんに真実の限りを尽くす以外に、明るい運命の芽生えは望めないと思ったのです。

Kさん夫婦は三日間悩んだ末に、お父さんを施設から連れ帰る決心をしてくれました。部屋を改装し、介護用ベッドを入れて、介護できる態勢を整えられました。施設の方の話では、大抵の家庭はいったん入所させたらそれっきりで来訪も少なくなるのに、再び自宅に引き取って世話をするというのはいまだかつてないことだと、大変驚かれたそうです。

こうして自宅でのお父さんの介護が始まりました。Kさんは役所勤めをしながらの介護でしたが、奥さんにいたっては、昼間は農作業をし、夜はお父さんの部屋で寝起きしながらの介護で本当に大変でした。お父さんは夜に大声で叫ぶこともしょっちゅうあって、Kさん夫婦は心休まる時とてなく、果たしてこの先どうなるのだろうかと、不安に思いながらの生活が続きました。

およそ一年半が過ぎたころ、お父さんは自宅で家族に見守られながら、眠るがごとく息を引き取られました。Kさん夫婦は最後まで孝養を尽くし、真実の限りを出しきって通られたのでした。

するととても不思議にも、時を同じくして、行方不明であった息子さんから音信があったのです。息子さんは、家を飛び出して上京したものの、どこへ行っても半端な扱いしかされず、このままでは自分の人生はどうにもならないと考えたというのです。それで、まずは高校卒業の資格を取ろうと思い、通信教育を受けるための保証人になってほしいと、自宅に連絡をしてきたとのことでした。両親が喜んだのは言うまでもありません。私も本当に感激いたしました。Kさん夫婦が根に相当する親に孝養を尽くしたことを、親神様がお受け取りくださったのだと思えました。

Kさんの長男は、通信教育で高校卒業の資格を得た後、働きながら大学、大学院まで進みました。その後、結婚して家庭を持ち、子供にも恵まれ、幸せな家庭を築いておられます。もちろんKさん夫婦も、いまでは当時の苦労も忘れたように、元気に幸せな毎日を過ごされています。

夫婦、親子の縁は個人の勝手になるものではなく、もっと根源的な魂の結びつきによって成り立っているものだと思います。この縁は、親神様が陽気ぐらしをするようにと結んでくださった縁ではないでしょうか。ですから、与えられた縁を大切にすることが、充実した人生を築く基本であり、その延長線上に陽気ぐらしが約束されているのだと思います。

どうでも「内の輪」を丸く治めて家族を大切にし、家庭が「最も心の安らぐ場所」となるように努力したいものです。その先には本当の幸せが待ち受けていることを、私は確信しています。

相手に付ける「こそ」の二文字

小《こ》奥《おく》加《か》代《よ》子《こ》
京都府宮津《みやづ》市・日北《にちほく》分教会前会長夫人

親神様は、人間が陽気ぐらしをするのを見て共に楽しみたいと思われて、人間をお創《つく》りになりました。ですから私たちは、親神様の思召《おぼしめし》に沿って人生を歩ませていただくのが本来のあり方です。ところが人間は、わが身思案が先に立って自分勝手に生きようとし、だんだん親神様のお心からかけ離れていくので、それをご覧になった親神様は、先のことを心配され、本来の道、陽気ぐらしの道へ戻るようにと、病気や事情を通してお知らせくださるのです。ですから陽気ぐらしをするためには、親神様のお心に適《かな》った心遣いをすることが大切です。

心は本当に不思議なものです。明るくなったり暗くなったり、喜んだり悲しんだり、いろいろに変わります。いまの心と一時間後の心とは、たぶん違っているでしょう。「おはようございます」と朝、機嫌よくあいさつをした人が、午後には怒鳴り散らしています。午前中、何が面白くないのかブスッとしていた人が、夜になるとニコニコしながらカラオケを上手に歌っています。「心はコロコロ変わるからココロという」とも言います。

心は広く、長く、深くなることが大切だと思います。心の狭い人は、みんなとうまくいきません。短気を出すと、人と人のつながりが切れてしまいます。軽率な心では信頼関係は築けません。変わりやすい心を、いつも陽気に保つために努力したいものです。

教会の婦人会の行事で、ある先生のお話を聞かせてもらったあと、グループに分かれての話し合いをしたことがありました。私は一つのグループの司会をさせていただきましたが、そのグループには四十歳から六十歳までの八人がいて、気楽にそれぞれの思いを話し合いました。

最後に私が、「皆さまにお土産《みやげ》を差し上げたいと思います」と言いますと、みんな「何をもらえるのか」という顔で、一斉に私の顔を見つめてくれました。

「このお土産は荷物になりませんから安心してください。私からのプレゼントはたった二文字、それは『こそ』です。『こそ』は、自分に付けますと、自分がいるからこそ、私が何々したからこそと、相手に対して不足の心が湧《わ》いてきます。でも、『こそ』を相手に付けますと、あなたがいてくれたからこそ、あなたが何々してくれたからこそと、相手に対して感謝の心が湧いてきて、喜びに変わります。

不足の心を使いますと、見るもの聞くものが不足に思えて、つながるものもつながらなくなります。喜びの心を使いますと、喜べば喜ぶだけ喜びごとが増え、つながらないものも喜んでつながってくるのです。どうか、これからの人生、時々は相手に付ける『こそ』の二文字を思い出してください。そして、お互いに残りの人生を明るく、陽気に過ごしましょう」

こう言って私は、話し合いを終えました。

行事がすべて終わり、帰ろうとしましたら、同じグループだったA子さんに「ちょっと話を聞いていただけませんか」と声を掛けられ、部屋に戻ってA子さんのお話を聴かせてもらいました。

「結婚して三十三年になります。主人は真面目《まじめ》な人で、仕事熱心で一にも二にも会社、会社が大事な人です。先生がお土産に下さった『こそ』を、私は結婚以来、主人に付けたことがありません。いつも自分に『こそ』を付けて、ずっと通ってきました。私がいるからこそ、私が一生懸命やっているからこそと思い、三人の子供が成人するまではとがんばってきました。おかげさまで子供は三人とも結婚し、それぞれの家庭を持っております。

私は、主人が定年になったら離婚しようと心に決めておりました。もうすぐ定年になりますので、主人に離婚の話を切り出しました。私はいま、自分の住むところを探しています。子供たちも納得してくれています。でも、きょうの『こそ』の話を聴いて、私は主人に『こそ』を付けたことがないことに気づき、何か見えないもので頭を強く叩《たた》かれた思いがしました。きょう家に帰ったら、主人に『こそ』を付けてみます」

A子さんは目を赤くしながら、こう話してくれました。

それから約二カ月後、私は、A子さんはどうしておられるだろう、離婚されたのだろうか、それとも思い直してくださっただろうかと、心配しながら電話をしました。「久しぶりです、その後いかがですか?」とお聞きすると、「うちの主人は上等ですよ。『こそ』のおかげで仲良くしています。一度遊びに来てください」と、受話器の向こうから明るいA子さんの声が帰ってきたのです。私はもう嬉《うれ》しくて、三日後に伺いました。そのときの嬉しそうなご主人の顔が忘れられません。

いままで嫌《いや》だと思っていたご主人に対して、「この人がいてくれたからこそ、いまの私があるのだ」と感謝し、喜ぶ心に、神様がおはたらきくださったのだと思います。いまにも切れようとしていた夫婦の絆《きずな》がつながった原因は、A子さんの心の変化にあったのです。心を変えることによって、良き運命に切り換えることができたのです。

私たちは、誰《だれ》もが心の自由を神様から与えていただいています。自由に使わせていただける心を、感謝と喜びで満たすことが、親神様の望まれる陽気ぐらしにつながると信じています。

夫婦・家族について

足《あ》立《だち》正《まさ》史《し》
天理市・事情部常勤講師

先日、本部の月次祭に参拝していましたら、高校時代の同級生とばったり出会いました。もうかれこれ二十数年ぶりです。お互いに元気にしていることを確認し、「また会おう」と約束して別れました。

その日、彼のほかに知っている人に出会うことはありませんでした。同じ信仰をしている人ばかりの中で、周りに知り合いがいないというのは、ちょっと不思議な感じがしました。そして、あらためて考えてみて、これまでの人生の中で自分がかかわってきた人というのは、実はごく限られていることに気がつきました。日常生活の中では、さらに範囲は狭まります。夫婦・家族となると、なおさらです。そう思うと、縁あって夫婦や家族になるというのは実に不思議なことです。
地球上には現在、約六十七億の人間が暮らしていると言われます。その約半分が男性で、あと半分が女性です。これほどたくさんの中から、男女一人ずつが選ばれて夫婦となります。
この世の元初《もとはじ》まりは、世界はまだ海も山もない、どろ海のような状態であったそうです。親神様は、「人間を造り、その陽気ぐらしをするのを見て、ともに楽しもう」と思いつかれて、この世と人間をお造りくださいました。
みかぐらうたに、
　このよのぢいとてんとをかたどりて
　ふうふをこしらへきたるでな
　これハこのよのはじめだし　（第二節）
とありますように、親神様は、人間創造に当たって、初めに「夫婦」をお造りくださいました。ということは、人間の基本となるのは夫婦であり、夫婦で陽気ぐらしを味わわせていただくことが、人生において最も大切なことだと言えます。

夫婦は、それぞれに生まれも育ちも違います。当然、性格も違えば価値観も違い、趣味も違えば考え方、感じ方も違います。その違う二人が一緒に生活して、なおかつ陽気ぐらしをするというのは、ちょっと難しいことだなと思います。夫婦二人だけなら、そのうちに何とか合わすことができるでしょうが、子供をお与えいただくと、育て方、しつけの仕方と、またまた違いが現れてきます。時にはその違いが、夫婦それぞれの親をも巻き込んで、もめることさえあります。

しかし、一人では決して味わえない喜びや楽しさを味わうことができるのも、夫婦ならではです。また、人生の困難に遭遇したときなど、一人では決して乗り越えられないと思うようなことでも、二人でなら乗り越えることができます。夫婦が力を合わせれば、一＋一が二で終わるのではなく、三にも四にも、あるいは十にも百にもなると思います。

十年ほど前のことですが、小学校に入学したばかりの長女が悪性リンパ腫《しゅ》を患いました。六時間に及ぶ手術に続き、一回の治療が八日間にわたる抗がん剤の点滴治療を計七回受け、その間、九カ月に及ぶ入院生活を送りました。

私たち夫婦にとって、子供が入院するのは初めての経験で、さらに長期の入院でしたので戸惑うことの連続でした。家には九歳の長男、四歳の二女、一歳半の二男と、三人の子供がいました。そのなかを、夫婦で心を合わせ、家族が力を合わせることで、なんとか乗り越えることができました。長女は、その後も元気にお連れ通りいただいています。もちろん、親神様、教祖《おやさま》のご守護は言うまでもありませんが、大勢の方たちがお世話取りくださり、また援助してくださり、たすけてくださったおかげであります。

しかし、同じように子供が病気で入院していても、病気をきっかけに離婚される夫婦もありました。病気の子を持つ親として、なんとも言えず複雑な思いがしました。

あらためて結婚というものを考えるとき、私は「ケッコン」の「コン」の字を「魂」と考えてみてはと思うのです。〝魂を結ぶ〟――これが結婚の本当の姿ではないかと思います。

人間の体は親神様からのかりものであると教えられます。かりものですから、やがて返さなければならないときがやって来ます。体を返すこと、すなわち死のことを「出直し」と言いますが、この言葉には、死は終わりではなく、新しい生への始まりであるという意味が含まれています。さらに、「魂は生き通し」とも教えられます。一人ひとりの魂は、それぞれに魂の歴史を持ち合わせている。つまり、魂は何度も何度もの生まれかわりを経たうえで、今生の自分があるということです。今生は前生とつながっており、また今生は来生へとつながってゆきます。

ですから、結婚とは、親神様がそれぞれの魂を見定めて、陽気ぐらしをするのにちょうど良い魂同士を夫婦として組み合わせてくださるものだと思います。

似たもの同士の夫婦もあれば、まるっきり違う性格の夫婦もあります。お互いに、結婚して初めて見えてくる面もあり、「こんな人とは思わなかった」とか、「こんなはずじゃなかった」と思うようなこともあるでしょう。そこでよく考えなければならないのは、なぜ親神様は二人を夫婦として結んでくださったのかということです。

合わないところがあったとしても、合わせていかなければ夫婦円満となりません。合わせることが、実は陽気ぐらしへとつながる重要な鍵《かぎ》となります。もし、合わせることをしなかったら、気がつかないうちに人の心を曇らせたり、傷つけたりすることにもなるのです。

また、私たち人間は、自分の癖《くせ》や性分《しょうぶん》に気がつかないことが多いものです。「夫婦は合わせ鏡」とも言われますが、毎日夫婦が一緒に暮らすうちに、気づいていなかった自分の癖や性分に気づくことができるのではないでしょうか。

このように親神様は、陽気ぐらしができる人間へと成長させるために、夫婦として結んでくださるのだと思います。

それは、子供についても言えます。よく「子供をつくる」という言い方をしますが、子供は夫婦の都合でつくれるものではありません。妊娠するのも、出産するのも、実は親神様のおはたらきであり、そのご守護を頂かなければかなわないことです。

子供を授かるのも、結婚と同じように、ちょうど良い魂の子供を夫婦に授けてくださるのだと思います。「この子供を育てることを通して、陽気ぐらしをするように」「おまえたち夫婦で、この子を陽気ぐらしのできる一人前の人間に育てるように」と、親神様が、それぞれの夫婦にふさわしい子供を預けてくださるのだと思います。それを、子供は親のものと思い、私有物のように扱うから間違うのです。「神様からお預かりしている」と思えば子供を大切にしますし、その子の良いところを引き出そう、という気持ちになります。

先天性の病気をもつ子供を授かったある友人夫婦は、「子供を育てているのではなく、子育てを通して、親である私たち自身が育てられていることに気づきました」と話していました。自分では気がつかないうちに、子育てを通して親自身が育てられ、人として成長し、陽気ぐらしへと一歩近づかせていただくのだと思います。

近年は、適齢期が来ても結婚しない人が増えており、また結婚してもすぐに別れる夫婦が多くなっています。さらに長年連れ添った夫婦の熟年離婚も急増しています。そしてそれが当たり前のような風潮になっているのはいかがなものでしょうか。どんな理由があるにしても、時期が来れば結婚し、そして結婚したら一生涯連れ添いたいものです。夫婦の絆《きずな》は強いようで、意外と脆《もろ》い面もあって、ほんの些細《ささい》なことから離婚へと発展してしまうこともありますが、離婚は、夫婦二人だけの問題でなく、子供をも巻き込むことになります。親神様からお預かりした子供の人生までも変えてしまうことも、十分に考えなければならないと思います。

家族の絆が薄れているいまの時代だからこそ、六十七億もの人の中から夫婦となり、家族となったという縁を大切にしたいものです。たまたま夫婦・家族になったのではなく、陽気ぐらしをさせてやりたいという、親神様の大きな思いが込められていることを、しっかりと認識させていただきましょう。

長い人生の中には、さまざまな節《ふし》があり、夫婦の危機という場面もあるかと思います。けれども、そういうときこそが夫婦として、また人間として、さらに一歩成長させていただけるチャンスなのです。

どうかお互い、夫婦・家族に込められた親神様の思いを大切にして、親神様がご覧になって、「こんな夫婦になってくれたらなあ」、また「こんな家族になってほしいなあ」と思われるような、陽気ぐらしの夫婦・家族を目指して歩ませていただきましょう。

親孝行の大切さ

川上由太郎《かわかみよしたろう》
滋賀県東近江《ひがしおうみ》市・湖東《ことう》大教会役員

いつのころからか分かりませんが、世の中の変化に伴い、何となく時代に合わないようなものとして使われなくなった言葉の一つに、「親孝行」があるように思います。しかしながら、人として幸せな人生を送るためには、親孝行は特に重要なポイントであると私は思います。

私は、若い方と話をするときには、あえて親孝行の話をするようにしています。なぜ親孝行が大切かといえば、誰《だれ》にでも親があり、その両親にも親がいます。さらにその先をだんだんとさかのぼっていきますと、最後に人間をお創《つく》りくだされた元の親、親神様に到達します。そういうわけで、親に孝行するということは、最終的には親神様に喜んでいただくことになるからです。

ところが、親孝行について若い方に話をしますと、必ず何らかの反発があります。「おっさん、化石人間やな」と、面と向かって言われたこともありますが、その若者にも、しっかり親孝行の話をさせてもらいました。

それは、ある日の夜のことでした。表のほうから数人の若者の話し声が聞こえてきて目を覚ましました。どうも話し声がうるさくて眠れません。彼らに会って話をしようかと思いましたが、何をされるか分からない世の中ですから迷いました。しかし、どっちみち寝られないのならと、度胸を決めて表に出ることにしました。

玄関を開け、彼らに近づき「こんばんは」と声を掛けると、「こんばんは」と返事がありました。学生服を着ていましたので、どうやら高校生のようでした。私が「こんなところで話をしていないで中に入りませんか」と言いますと、びっくりしたような様子で互いに顔を見合わせ、とまどったような感じでしたが、「ウン」と言って私についてきました。

「お茶でもどうぞ」とお茶を出し、いろいろと話すうちに、私が親孝行の話を始めますと、彼らの一人があきれたような顔をして「おっさん、化石人間やな」と言ったのです。それでも、しばらく世間話をしているうちにだんだんと打ち解けて、化石人間の私の話にも耳を貸してくれるようになりました。

「最近、事件がよくあるよね。君たちはどう思うか知らないけど、おっちゃんくらいの年齢になると、若い人が起こした事件のことを聞くと、ご両親はとてもつらいだろうなと一番先に思うね。また、その兄弟は学校へも行けないし、外へも出られなくなると思うのだが、君たちはどう思う？」と尋ねると、「その気持ちはよく分かる」と答えてくれました。

そこで私は、「実はね、おっちゃんは君たちと同じくらいの年の子を預かったことがあるんだよ」と、以前教会で預かった青年の話をしました。

彼は、学校の廊下をバイクで走るなど、いろいろと非行を重ねて退学させられ、することがなくて毎日家でブラブラしていました。ある日、些細《ささい》なことから父親と口論となった末に、「俺《おれ》などおらんほうがいいんやろう。死んでやる」と、親の目の前で農薬を飲んでしまったのです。すると、たちまち苦しみだして、黄色い胃液と共に農薬をゲーゲーと吐きました。しかし、体内に残っている農薬が全身に回り、次第に呼吸が浅くなって、心臓の鼓動も力を失ってきました。彼は救急車で病院に運ばれ、何とか一命は取り留めました。

何日か入院して体は回復しましたが、父親とは一緒に住むことができないというので、退院後、彼を私どもの教会で預かることになりました。それで、しばらくして少し落ち着いたころに、修養科に入ってもらいました。

修養科を修了して地元に帰ってきた彼は、就職をしました。ところがある日、仕事先で腹に据《す》えかねることがあって、彼はもう少しで人を殺《あや》めてしまいそうになったのです。しかしそのとき、大嫌いだった父親の顔が浮かんできて、「自分はいま、いったい何をしようとしているのか」と、われに返りました。修養科で学んだ親孝行の話を思い出したということでした。これを機に、彼は親孝行を心掛けるようになり、親子の関係が見違えるように良くなったのです。

若者たちにそんな話をして「最近では親の愛情がうっとうしいという若者もいるが

ね」と話を続けますと、若者六人は妙に静まりかえって神妙になり、もっと話を聞きたい様子でした。私が受けた印象では、どうもこの子たちは、家庭での親との会話に飢えているように感じました。

それで次は何を話そうかと思い、「親孝行の極め付きの話をしてもいいかな」と言いましたら、聞きたい様子です。そこで何年か前、高校の同窓会に行ったときの話をしました。

同級生ですごく頭の良かった秀才が、私の隣に座りました。彼は、有名大学を出て一流企業に就職し、将来はすごいポストが約束されているエリートでした。彼とは学生時代にもあまり話をしたことがなかったのですが、彼がお寺の跡を継ぐべき人であることは知っていました。

彼に「ご両親は元気か」と聞きますと、「相当弱っている。自分は両親が年を取ってからできた子供だから」と答えました。そこで私は、「そうか、でもいまなら間に合うよ。会社を辞めてお寺を継いだらどうだ。親孝行したほうがいいよ。そうしないと君はきっと、取り返しがつかなくなって後悔することになると思うよ」と言いましたら、「そんなことできるか。嫌《いや》なことを言うやつだな」と席を立ってしまいました。

それから三年後、また同窓会の席で、今度は彼のほうから話しかけてきてくれました。「前の同窓会のとき、君から言われた言葉がどうしても忘れられなくて、結局会社を辞めて寺に帰ったんだ。両親が大変喜んでくれて本当に良かった。昨年父が亡くなったが、君のおかげで親孝行ができた」とのことでした。

会社にいれば、地位も名誉もお金も、すべて手に入れることができたかもしれません。それを捨てて彼は、親孝行を選びました。親孝行の価値は、自分が築き上げてきたすべての価値観を上回っていたのです。

そんな話をしますと、一人の若者が仲間の一人を指さし「こいつ、耳が悪いねん」と私に言いました。「たすけてやってくれ」という意味だなと思い、「この教えは陽気ぐらしといって、みんながたすけ合って幸せになるための教えなんだよ。目は物を見て楽しみ、耳は聞いて楽しみ、口は食べて、話して楽しむように神様から与えられている。この子の耳も、そういう気持ちで使えばよくなるよ」と言って、「みんなで彼のために、神様に祈ろう」と神殿に行きました。

「拝み方を知らん」と言いますので、「四回手を打って拝みます。拝み終えたらもう一度、四回手を叩《たた》きます」と言いました。全員、正座をして祈りました。

すると、ある一人が「親孝行は親に心配かけないことやな。早く家に帰らないと」と言いました。「おっちゃん、ありがとう」「おっちゃん、ありがとう」と言って慌《あわ》てて帰っていく彼らの後ろ姿に、私は手を合わせ、姿が見えなくなるまで見送りました。

親孝行と申しますと、戦前の古い道徳教育を思い出し、敬遠をされる方もおられるかと思いますが、いかに時代が変わろうとも親孝行は、両親、親の親、そのまた親と、人間をお創りくださった親神様につながっていく道であります。

私にはすでに両親はおりませんが、信仰に基づいた生き方を通し、親が生きていればきっと喜んでくれるであろう行いを心掛け、毎日を通っております。親神様につながる親孝行は、すべての人が幸せになる道であると信じます。

朝起き、正直、働き

小林《こばやし》正男《まさお》
奈良市・梅道《うめみち》分教会長

先日、菊の花を作っている方と話をしていたときのことです。私は、菊の黒々とした葉っぱと太い茎を見て、「この菊は葉っぱといい茎といい、立派ですね」と褒《ほ》めました。そうしたら、その方は「私は花を作っているのです。花を褒めてください」と言われました。花はもちろん立派に咲いていましたので、「どうしたらこんなに立派な花が咲くのですか?」と尋ねましたら、「それは土です。良い土を作ることが大切なんです。菊作りは土作りです」と答えられました。

私は「なるほどなあ」と感心しました。そして、これは人にも当てはまることだと思いました。人は誰《だれ》しも幸せを求めて生きていますが、人として幸せの花を咲かせるためには、見えないところの土作りが大切ではないかと思います。

では、私たちの幸せの土作りとはいったい何でしょうか？

教祖《おやさま》のご逸話の中に、次のような話があります。

「ある時、教祖は、飯降伊蔵《いぶりいぞう》に向かって、

『伊蔵さん、掌《て》を拡《ひろ》げてごらん。』

と、仰せられた。

伊蔵が、仰せ通りに掌を拡げると、教祖は、籾《もみ》を三粒持って、

『これは朝起き、これは正直、これは働きやで。』

と、仰せられて、一粒ずつ、伊蔵の掌の上にお載せ下されて、

『この三つを、しっかり握って、失わんようにせにゃいかんで。』

と、仰せられた。

伊蔵は、生涯この教《おしえ》を守って通ったのである」

（『稿本天理教教祖伝逸話篇』二九「三つの宝」）

私は、この「朝起き、正直、働き」の三つの教えを実行させていただくことこそが、人間として大切なことではないかと思っています。

この世の元初《もとはじ》まりは泥海でした。親神様は、その混沌《こんとん》たる様を味気なく思召《おぼしめ》し、人間を造り、その陽気ぐらしをするのを見て、共に楽しもうと思いつかれました。そして、人間の種として、ドジョウをお使いになったとのことです。

「なるほど！　ドジョウは人間の種としてふさわしい」と私は思うのです。ドジョウとはどんな生き物かということを常々考えるのですが、ドジョウを水槽の中で飼育していると、朝一番早く起きるのがドジョウだということです。また、泥の中にいましても、泥から引き抜いて見れば体に泥は付いていなくて、美しくきれいです。さらに、ざるの中に入れますと、一番よく動くのがドジョウです。

朝一番に起きること。泥の中にいても美しく素直なこと。ざるの中で一番よく動くこと。私は、この姿こそがドジョウの心を表していると思います。この、人間の種となったドジョウの心で日々通らせてもらうことが、幸せにならせていただく一番の近道ではないでしょうか。すなわち、「朝起き、正直、働き」を実行させていただくことです。

「朝起き」とは、早く起きるだけが朝起きではありません。朝早く起きることが一番良いのならば、私のような年になると五時ごろにはさわやかに目覚めることができます。だからといってお年寄りが、朝早く目覚めるから一番良いかというと、そうではないと思います。朝起きとは、朝起きてニコッと笑うこと。「ああ、きょうもおかげさまで、すっきりした気分で目覚めのご守護を頂いて、ありがたいなあ。嬉《うれ》しいなあ」という起き方こそが、本当の朝起きだと思うのです。

このような朝起きは、誰もが経験したことがあるでしょう。たとえば子供のころ、遠足の日の朝は、お母さんに起こされなくても自分から、嬉しい気持ちでニッコリとして起きられたことと思います。大人でも同じです。嬉しいことが待っている朝は、ニコッとして迎えられます。

遠足の日や嬉しい日だけでなく、毎日、朝起きてニコッとできれば素晴らしいと思うのですが、そのためにはどうすればいいのでしょうか？　私は、そのヒントは夜にあると思います。夜はあれこれ考えず、スーッと休ませてもらうことが肝心です。

私は、寝るときにはコロッと眠ってしまいます。一分もかかりません。ですから、寝ている間に健康を守っていただき、朝はすっきりとした気分で起きられるご守護を頂いています。朝目覚めるととても嬉しくて、笑顔で「おはよう」とあいさつを交わすようにしています。ニコッとして家中に機嫌良さを振りまくことが大切だと思って、毎日実行しています。おかげで健康に過ごさせていただき、神様のさまざまな御用にお使いいただいて、誠にありがたいことです。

次に、「正直」とは、心の使い方だと思います。心は、神様から「自由に使いなさい」とお許しいただいて与えられたものです。私はよく、心とはどんなものかと考えるのですが、使った心は放射線のように、パーッと飛ぶものではないかと思います。千里一跨《また》ぎ、スーッと飛んでいくのです。皆さんの心も私の心も、全部飛びます。大小の別はあっても、飛んでいって、全部はね返ってきます。そして、それが全部自分の心に映るのです。

みかぐらうたに、
なんぎするのもこゝろから
わがみうらみであるほどに
（十下り目　7）

と歌われています。難儀をするのは自分の心に原因があるのだということを悟り、自分の心を変えることが自分の運命を変えることになるのです。

自分の使った心は、全部自分に返ってきます。だから、「難儀やなあ」「嫌《いや》だなあ」と言っていたら、難儀なことや嫌なことが返ってきます。ですから私は、「嬉しい、嬉しい」を言い続けています。皆さんも嬉しい心を使い続けてください。

最後に、「働き」ということについて、教祖は、「働くというのは、はたはたの者を楽にするから、はたらく(側楽)と言うのや」とお聞かせくださいました。「はたはた」とは周りの人のことです。相手の人に喜んでいただけることをさせてもらうのが、一番大切なことなのです。

さらに加えて考えさせていただくのは、「底なしの親切」ということです。底なしとは、目いっぱいということです。「これくらいすればいい」というのではなく、とことん親切にする精神が大切であると思います。私は常々、底なしの親切をもって通り、嬉しくニコニコと御用にお使いいただきたいと思っています。

以上の「朝起き、正直、働き」の三つを実行することが、人間として最も大切なことだと私は思うのです。この三つを実行していれば、神様はきっと守ってくださると思います。

初めに申しましたが、菊作りには土作りが大切であるように、幸せの花を咲かせるためには、見えない土作りが欠かせません。私たち人間にとっての土作りは、「朝起き、正直、働き」の実行にあります。地道な毎日の生活の中で、この三つを実行させていただきましょう。必ずや、素晴らしい幸せの花が咲くことでしょう。

心が苦しくなったら

小来田典子《こぎたのりこ》
大阪市城東《じょうとう》区・明四《めいし》分教会長夫人

人生というものは、嬉《うれ》しいことや楽しいことばかりではありません。思いもかけない病気が見つかったり、突然の事故に遭遇したり、また理不尽な事情に巻き込まれたりと、さまざまな壁にぶつかることも多いのではないでしょうか。

なぜ私がこんな目に遭《あ》わねばならないのかと、そのときは悩み、苦しみます。時には他人のせいにして、その悩みから逃げようとしたり、あるいは自分自身を責め、暗闇《くらやみ》の中に落ち込んでしまうこともあるかもしれません。

そのような状況であったとしても、何とか救われたいと思うのが人間です。しかし、前向きに生きるのが一番いい方法だと分かっていても、心がそれについていけず、心のバランスを崩してしまう。悩みを解決しようとすればするほど、心の苦しみが深くなってしまうことも少なくありません。

心と体とは密接な関係にあります。体が病気になるように、心もまた傷つき、病気になってしまいます。私たちは神様から心を自由に使うことを許されています。話すことも、聞くことも、感じることも、すべて心の自由から発するものです。ところが、人とかかわって生きていく中では、自由であるはずの自分の心が傷つき、重荷を抱えてしまうこともあるのです。どんなに心が強く見える人でも、その裏には弱さ、脆《もろ》さを抱えているものです。さまざまな理由に端を発し、心が追い詰められていくと、うつの状態になってしまうこともあります。

うつ病は心の風邪とも言われ、日本人の一割以上が一生に一度はかかる病気だそうです。また、自ら命を絶つ人は年間三万人を超え、交通事故による死亡者数の六倍以上です。さらに、自殺未遂に終わる人の数は、その十倍といいます。これが、私たちの目の前に見せられている現実そのものです。

現代はスピード時代。何もかも速さが要求され、重視されます。それについていけない人は、たくさんのストレスがたまってしまいます。より速い、より多くの情報が毎日を支えていますが、その情報を持っている人が必ず幸せになるとは限りません。

気分が落ち込み、心が苦しくなったら、悩んでいる事柄をすこし横に置いて、自らの歩みを止め、立ち止まってみましょう。自分の心を落ち着かせ、見詰め、いとおしんで休ませてあげましょう。そして、いまの自分自身から少し離れて、昔の自分のこと――この世に生を受けたときのことに思いを巡らせてみましょう。

生まれたばかりの赤ちゃんの顔を思い浮かべてみてください。およそこの世で赤ちゃんの笑顔ほど、心が安らかになり、嬉しい気持ちにさせてくれるものはありません。時に泣いたり、あくびをしたり、やさしい表情で寝息をたてている姿は、いつまで眺《なが》めていても飽きることはありません。見ているほうは、いつしか自然に笑顔になっています。遠い遠い昔の忘れものを何か探しているような、懐かしい気持ちにさせてくれるのは、私たちにも赤ちゃんの時代があった証《あか》しかもしれません。

それでは、それよりもずっと前、私たちが赤ちゃんとしてこの世に生まれ出る前は、いったいどこで、どうやって過ごしていたのでしょうか。

精子と卵子が出合い、受精卵となり、細胞分裂を繰り返して卵管から子宮に着床《ちゃくしょう》したそのときから、人間は進化の歴史をたどり始めます。このようなことは、いまでは小学生のときから授業の中で教えられています。しかし、この人間の体がどのようにしてできたものなのか、誰《だれ》が造っているのだろうかと、考えを巡らしたことはあるでしょうか。両親の工夫で造られたものでもなく、また、お医者さんが検診のたびに「今回は心臓を造ります。次回は骨組みにしましょう」と言って造ってくれたものでもありません。

一人の人間がこの世に誕生するその経過の中で、私たちにできることは、男性と女性との身体的な交わりという行為にしか過ぎません。その後のことは、すべて神様のおはたらきによるものであって、神がなせる奇跡の連続であるとしか考えられないのです。

おふでさきに、

たいないゑやどしこむのも月日なり
むまれだすのも月日せわどり
（六　131）

とお教えいただいています。妊娠から出産というこの体験は、神様のおはたらきなくしては成就《じょうじゅ》できないということです。

人は、十月十日《とつきとおか》の月満ちて、やっとこの世に生まれさせていただくことになります。生まれるとすぐに産湯《うぶゆ》を使わせてもらい、産着《うぶぎ》を着せてもらい、お母さんの胸でお乳を飲ませてもらいます。私たち人間は、生まれたばかりの真っ白な心をお母さんの胸の中でしっかりと抱きしめてもらい、それから心は少しずつ色づいていくのです。一方的に与えられる中で、人間としての第一歩を踏み出し、〝第一日目〟を迎えます。そしてその後も、年齢に応じた与えを頂きながら育《はぐく》まれていきます。

自分の生まれたときの様子や、体重がどれだけあったのかということを、知って生まれてきた人は一人もいません。もちろん生年月日もです。親から教えてもらったことをすべて何の疑いも持たずに信じてきたからこそ、いまの自分があるのです。

このように、ほんの少し昔を振り返ってみるだけで、私たちが現在の姿に成長するまでに、どれほど多くの与えがあったかということに気づくことができます。人は、自分の力だけで生きてきたと思うから、心が苦しくなってくるのです。多くの与えがあったことに気づいたとき、いままで当たり前と思っていたことを喜べるようになります。そして、感謝の念が自然に生まれたときに、私たちの心は本当に救われていくのです。

いま目の前に現れている状況は、自分にとって喜べないことや不都合なこと、つらく悲しく、心苦しいものであるかもしれません。しかし、その状況も過去の与えと同様に、神様からの与えであると受け止めてみましょう。そして、その中に神様からのメッセージを探しましょう。いままでの与えに対してほんの少しでも感謝の気持ちが生まれたとき、私たちは自らの意思で前を向いて歩めるようになるのだと思います。

急がなくてもいいのです。一時間で足りなければ、一日でも何日でも待って、心を落ち着かせ、神様への思いを深める努力をしましょう。必ずや、神様は導きの手を差し伸べてくださいます。私たちをお造りくだされた親神様は、決して背負えない荷物はお与えにならないからです。

人間としての一日目を忘れることなく、善いことも悪いことも、すべては親神様からの恵み、与えであると信じて、日々喜びの心を大切にして通らせていただきましょう。

親神様の〝ふところ住まい〟

廣田《ひろた》三喜男《みきお》
兵庫県尼崎《あまがさき》市・西阪神《にしはんしん》分教会長

すべての動物は、子孫を残すために生きていると考えられています。人間もまた同様ですが、他の動物と違う能力、たとえば火を使い始めたのは、およそ百五十万年前と言われています。二本足で歩くようになり、手が自由に使えるようになって、指を動かすことで格段に頭脳が発達したとされています。

二十世紀以降、特にここ数十年の科学は目覚ましい進歩を遂げています。人工衛星を打ち上げて地球を観測したり、また、宇宙ステーションで人間が生活をするという、以前には考えられなかったことができるようになってきました。

コミュニケーションの手段も格段の進歩を遂げています。携帯電話やインターネットの普及によって、世界のさまざまな情報を瞬時に得られるようになり、流通や経済の様子も変わってきました。

医療の分野においても、メスを使わないで行う内視鏡手術、開腹せずに行う腹腔鏡《ふくくうきょう》手術、血管カテーテル治療などが発達して、治療を受ける側の負担もずいぶんと軽減されました。また、遺伝子の解明・究明によって、遺伝子治療、再生医療の研究もますます進んでいます。科学はまさに日進月歩です。

しかし、これらは物事の成り立ちやはたらきの仕組みを解明するということにおいては、ほんの一部、上辺《うわべ》だけをなぞっているようなもので、本質を知るものではありません。なぜなら、これだけ劇的な進歩を遂げたにもかかわらず、科学も医学も、人間は誰《だれ》が造ったのか、何のために生きているのかを教えてはくれません。人間の抱えるさまざまな悩み、苦しみから救ってもくれません。その答えは、どこにあるのでしょう。

親神様は、人間を造り、その陽気ぐらしをするのを見て共に楽しもうと思召《おぼしめ》されて、この世と人間をご創造くださいました。その後、人間は長い年月をかけて育てられ、さらに、親神様の「知恵の仕込み」「文字の仕込み」を頂いて今日のようになったとお聞かせいただきます。文明・文化の発達も、「陽気ぐらしをさせてやりたい」という親神様の並々ならぬ親心の賜物《たまもの》であります。ですから、この能力を陽気ぐらしのために使わせていただかないと申し訳ないと思います。しかし現実には、この能力が必ずしも、人類の幸せのために使われているとは言い難いのではないでしょうか。

科学の発達によって作られたものの中には、軍事目的のために開発されたものも多くあると聞きます。文明の発達の副産物として、環境汚染や自然破壊が進み、地球温暖化が叫ばれ、生態系の崩壊が心配されています。果たして、文明の進歩が人間の求めてやまない幸せのうえに、どれだけ役立っているのでしょうか。

確かにその恩恵を受けてはいますけれども、それでは昔の人に比べて幸せになったのかと問われれば、首を傾《かし》げざるを得ません。

平成二十年の一年間に離婚した夫婦は約二十五万組だそうです。結婚した夫婦が約七十三万組ですから、三分の一以上になります。また、同じ年に自殺した人の数は約三万二千人だそうです。一日に八十人以上の人が自ら命を絶っている計算になります。そのほかにも、ドメスティックバイオレンス、アルコール依存症、子供への虐待《ぎゃくたい》、不登校、ひきこもりやニートなど、現代社会はさまざまな問題を抱えています。このことは、科学や文明の発達が、必ずしも人間の幸せに結びついていないことを物語っていると思います。

人間が幸せになるためのヒントは、もっと身近なところにあるのではないでしょうか。それは、「陽気ぐらしをさせたい」という、親神様のお心を知ることです。大切なのは、めいめいがどんな心で暮らすかなのです。親子も夫婦も兄弟姉妹《きょうだい》も、お互いに相手を思いやり、たすけ合って暮らす。もっと広げて、自分が相対するすべての人に同じような心で接することができれば、こんな素晴らしいことはありません。人は皆、等しく親神様の子供であり、人間お互いは皆、兄弟姉妹なのですから。

さらに、親神様は私たち人間に「楽しむ心」をお与えくださっています。そして、苦労を楽しみに変えることもできます。

私は青年のころ、富士山の登山に連れて行ってもらったことがあります。ご来光を拝むために夕方から登り始めて、途中で気圧調整のために休憩を取りながら、景色も見えない真っ暗な岩だらけの道を、十時間以上かけて登るのです。頂上にたどり着き、ご来光を目《ま》の当たりにしたときには、達成感とともに、初めて見る幻想的な大パノラマに、感動を超越した不思議な感覚を体験しました。

しかし、もしもあの日が晴れていなくて、一面の雲海の中にご来光を拝めなかったとしても、仲間と共に励まし合いながら登ったあの経験は、私の宝物の一つになっていたに違いありません。登る苦労が大きかったからこそ、喜びもまた大きいのだと思います。だからこそ、大勢の登山家が危険を顧みず、さらに高い山へと挑戦するのだと得心しました。

苦労の後には必ず喜びがあり、それによって得た楽しみは苦労よりも大きいということも皆、知っているはずです。ただの楽しみばかりでは、いつしかそれが普通になってしまい、楽しみが楽しみでなくなってしまいます。苦労があるからこそ喜びとなり、また楽しみとなるのだと思います。

この世は親神様の温かい「ふところ」です。私たちは、親神様の親心溢《あふ》れる世界に、〝ふところ住まい〟をさせていただいているのです。この「ふところ」には、人間が陽気ぐらしをするために、ありとあらゆるものをお与えくだされています。この世はまさに、楽しみずくめの世界なのです。あとは、私たち人間が、この親心にお応《こた》えすることができるかどうかなのです。

さまざまな問題が渦巻いている現代ではありますが、この素晴らしい世界に住まわせていただいている喜びを胸に、親神様に喜んでいただけるような陽気ぐらしの歩みを、日々進めさせていただきましょう。

感謝、慎み、たすけあい

池田《いけだ》安雄《やすお》
愛媛県宇和島《うわじま》市・愛灘《あいなだ》分教会前会長

私どもの教会は、愛媛県宇和島《うわじま》市にあります。南予《なんよ》地方のミカン所《どころ》でありますが、あるミカン農家の方の話によりますと、近年はヒヨドリが収穫前のミカンを食い荒らして、大変困っているということです。寒くなると越冬のために南へ渡るはずのヒヨドリが、冬場も居残りしてこの地にとどまっているということから、その方は「地球温暖化の影響で、生態系が狂ってしまったのではないか」と言っていました。

一九九七年、京都で開催された地球温暖化防止会議において、各国が温室効果ガス排出量の削減目標を取り決めた京都議定書が採択されました。以来、それぞれの国で防止策を講じているようです。二〇〇八年の洞爺湖《とうやこ》サミット（主要国首脳会議）においても地球温暖化防止について話し合われましたが、国家間の取り決めはもとより、その国その国の国民一人ひとりが、この問題を人ごとととせずにわがこととしてとらえ、温暖化防止を心掛けることが最も大切ではないかと思います。

天理教では、「感謝、慎《つつし》み、たすけあい」の標語を「陽気ぐらしのキーワード」として掲げています。地球温暖化を防止するためには、この「感謝、慎み、たすけあい」を実行するしかないと私は考えています。

陽気ぐらしのキーワードの一つ目は「感謝」です。

私たちは、果たしてどれくらい感謝の思いを持って暮らしているでしょうか？　感謝の思いは、「ありがたいなあ」「嬉《うれ》しいなあ」「結構やなあ」という、喜びの心がなくては生まれてきません。普段はあまり気づかないかもしれませんが、実は私たちの周りには、「ありがたいなあ」「嬉しいなあ」「結構やなあ」と喜べることが、たくさん溢《あふ》れています。そこでまず、私たちの暮らしに最も身近な「衣食住」について考えてみたいと思います。

初めに「衣」、衣服・着物ですが、人間以外の動物は衣服を身にまとうことはありません。私たち人間は、衣服を身に着けて暑さ寒さをしのいでいます。また、季節に合わせて色や形を変え、ファッションを楽しみながら着ています。着るものが十分になかった戦後の貧しい時代のことを思いますと、今日では安価で丈夫な服を、手軽に手に入れることができます。着るものがなくて困っているという人は、いまの日本にはまずおられないでしょう。

しかも、その衣服の材料となるものは、すべて自然の恩恵、すなわち親神様のおはたらきによってできたものです。それを人間が加工して衣服にしているのです。まずは、その恵みに心から感謝させてもらいたいものです。

次に「食」、食べ物です。人間も動植物も、親神様の御恵《み》みを受けて生かされています。人間は穀物、野菜、肉、魚介類から海草に至るまで、さまざまなものを食していますが、その食材となっているものはすべて命あるものです。その命を頂いて、自分の命を永らえているのです。まずは、そのことに心から感謝したいものです。

また、人間が生きていくうえで、食べることは一番の楽しみの一つであると思います。私たちは、色、形、味の違ったさまざまな食材を、好きなように料理して、食べることを楽しませてもらっています。さらに、舌の微妙な味覚をお与えいただき、おいしく味わわせていただいています。

もし、この舌の味覚がなければどうなるでしょう? 恐らく、食べることは楽しみどころか苦痛となり、「腹が減ったなあ。食べるのは苦しいけど、生きるためには食わねばならぬか。つらいのう」ということになりはしないでしょうか? あらためて考えてみますと、「おいしく頂ける」ということは当たり前ではなく、本当にありがたい、この上ない喜びであります。

最後に「住」、住居です。人間の住む家も、一戸建て、マンション、アパートとさまざまですが、その住居の材料も、親神様のご守護によってこの世に存在する物を加工し、組み立てて家となります。そして、雨露をしのぎ、暑さ寒さに備えるだけでなく、それぞれ住居の空間に趣向を凝らし、楽しみながら暮らしています。馬が馬小屋に花を生けたとか、犬が犬小屋に絵を飾って楽しんでいるということは聞いたことがありません。

住まう楽しみというのは、人間だけに許されている暮らしの喜びではないでしょうか。

このように、私たちの暮らしに不可欠な「衣食住」を考えても、親神様は、人間が陽気ぐらしできるようにと、十分にお与えくだされていることに気がつきます。日々、感謝の心を忘れずに暮らしたいものです。


陽気ぐらしのキーワードの二番目は「慎み」です。

アフリカ・ケニアの元環境副大臣、ワンガリ・マータイさんが、日本語の「もったいない」を世界に通じる環境標準語にしようと活動されていることは、皆さんもよくご存じだと思います。「もったいない」は単なるケチではなく、この「慎み」に通じます。

たとえば、五十階建てのビルの冷暖房の温度を一度下げると、一カ月に数十万円の節約ができるそうです。しかもこれは温室効果ガス削減にもつながります。車の使用を控えて、できる限り公共の交通機関を利用する。照明や電気器具などはこまめにスイッチを切る。身近な小さなことからでも慎んで暮らす、それが地球温暖化の防止につながるのです。「私一人ぐらい」と思わず、「私一人からでも」と、些細《ささい》なことからでも慎みを持って暮らすことが大切です。

また、日本の現在の食糧自給率は約四〇パーセントだそうです。六〇パーセントもの食べ物を、海外から輸入しているのです。それと同時に、毎年全食糧の四分の一、約二千万トンを残飯などとして捨てています。これを「もったいない」と言わずにはいられません。

教祖《おやさま》は、「菜の葉一枚でも、粗末にせぬように」とお教えくださいました。それぞれに命があって、親神様の御恵みを受けてお与えいただいている食べ物に対して感謝の心を持てば、おのずと慎みの心が生まれてきます。食べ物だけでなく、すべての物事に対して慎みを持って暮らしたいものです。

陽気ぐらしのキーワードの三番目は「たすけあい」です。

よく言われることですが、「人」という字は二本の棒が互いに支え合っている姿です。この二本の棒は、一本は長く、もう一本は短く見えます。これが同じ長さでしたら、双方とも滑って倒れてしまいます。人間には男と女、親と子といった違いがあります。能力にも違いがあり、人それぞれに得手不得手があります。自分にないものを、お互いに補い合い、支え合って生きているのが「人」であるということを、この字は表していると思います。

また、「人間」とは人の間と書きます。人は自分一人では生きられません。人が支え合って暮らすところに、人間社会が形成されます。まさに「人の間」で暮らしているのが人間です。

男性には男性の特性や能力があり、女性には女性の特性や能力があります。違いのある者同士が、お互いに補い合い、たすけ合って社会が成り立っています。私たちは、何事につけても、お互いがたすけ合っていかねばならないことは十分に分かっているのですが、つい自分のことばかりに気をとられて、なかなか実行できていないのが実情です。世界を見渡せば、国家・民族間の対立は絶えず、その抗争はますますエスカレートしています。

親神様は、人間を造り、その陽気ぐらしをするのを見て共に楽しみたいと思われて、この世と人間をお創《はじ》めくださいました。世界中の人間は、親神様を親と仰ぐ兄弟《きょうだい》姉妹なのです。親神様は、子供である人間同士が、互いに立て合いたすけ合い、仲良く楽しく暮らす「陽気ぐらし」をお待ち望みくださっています。また、私たちもそれを望んでいるのです。いまこそ、人間お互いが兄弟姉妹であるとの自覚を持って、たすけ合う生き方を実現しなければなりません。

どうか皆さんも、日々の暮らしの中で「感謝、慎み、たすけあい」を実践いたしましょう。この実行こそが、人類の栄えと、平和な明るい未来へつながる道であると、私は信じています。

十働いて、九つ貰うて、八つで生活

西《にし》澤《ざわ》義《よし》彦《ひこ》
奈良市・倭清水《やまとしみず》分教会前会長

世の中には、お金で買えるものと買えないものがあります。たとえば一億円のダイヤモンドは、一億円というお金を出せば買うことができます。もし自分の手元にそのお金がなければ借りてきてでも、一億円さえ持っていけばちゃんと売ってくれます。

ところが健康や幸せは、何億円出そうと、何十億円出そうと買うことはできません。もし健康や幸せをお金で買うことができるのなら、病気になったり不幸になったりすることもなくなるわけですから、どんなに高い値段がついていても、みんな買うだろうと思います。しかし、実際はそうではありません。しかも健康や幸せは、買うことができないだけでなく、この目で見ることもできないのです。

たとえば「眼鏡《めがね》はどれですか?」と尋ねられたら、「これですよ」と見せることができます。また、「花はどれですか?」と問われたら、「あれですよ」とお見せできます。しかし、健康や幸せは「どれですか?」と尋ねられても、「これですよ」と見せることはできないのです。強《し》いて言えば、「健康とは、あの人のような人のことです」とか、「幸せとは、あそこの家庭のようなものでしょうね」などと言うことはできますが、それでも抽象的なことしか答えられません。

それでは、目に見えないからこの世の中に無いのかと言えば、そうではありません。厳然として存在しているのです。しかし、人間は浅はかなもので、お金で買えるもの、目に見えるものばかりを追い求めて、目に見えない、お金で買うことのできない大切なものを、ついつい見失いがちです。

ある青年が、長年人だすけのうえに一生懸命歩んでこられた老先生に、「幸せになる秘訣《ひけつ》は何ですか?」と尋ねました。すると、その先生はじーっと考えられた後、「そうだね、十《とお》働いて、九つ貰《もろ》うて、八つで生活すれば、まず幸せは間違いなかろうな」とおっしゃったそうです。

皆さん、よく考えてみましょう。十働いて、九つしか貰《もら》わなかったならば、一つ損をしたように思いますね。働いた分相応の賃金を報酬として受けるのが当然ですから。しかし、たとえば報酬以上の働きをすることは、「十働いて九つしか貰わない」ということになるでしょう。あるいは、その一つを世のため人のために捧《ささ》げるということも「九つしか貰わない」ということになりますね。九つしか貰わなければ一つ損をしたように思うかもしれませんが、私は、その一つが天の貯金になるのだと思います。そして、天の貯金はそれぞれの徳分となって、良い運命をもたらす元になるのだと思います。

さらに、九つ貰うて、八つで生活するというのは、慎《つつし》みのある生活をするということではないでしょうか。与えられたものをすべて使いきる生活ではなく、一つ減らして使うという慎みが、長い目で見れば幸せへとつながっていくのだと思います。それでこそ、お金で買うことのできない本当の幸せを得ることができるということです。

慎みは、天の理に適《かな》う心遣いとなります。天の理に適えば、天の理のご守護を十分に受けることができるようになります。ところが現代の世相は、これとは正反対になってきているのではないでしょうか。「十働いて、九つ貰うて、八つで生活」するのではなく、むしろ「八つしか働かず、九つ貰って、十の生活」をしたいという人が増えているように思います。楽して儲《もう》けたいという風潮が当たり前のようになっています。

カードがあれば現金を持たなくても何でも買え、手軽にお金を借りることもできます。つい錯覚して、入る以上に使って、自分の収入以上の生活をすれば、借金だけが残るのは当然です。

また現代は、心よりも物や金を優先する世の中に変わってきて、お金第一の拝金主義が蔓延《まんえん》しているように思います。一流の企業や老舗《しにせ》が何代もかかって、何十年もかかって築き上げてきた信用を、一瞬にして失うような偽装問題が次々と明るみに出ましたが、そこにも、目の前の物やお金ばかりを優先してきた結果が表れているように感じます。本当に情けないことです。

教祖《おやさま》のご逸話の中に、次のようなお話があります。

息子が胃の患いで命の危ないところを、不思議なたすけを頂かれた男の人が、そのお

礼にと、おぢばへ帰らせていただいたときのことです。この方は蒟蒻屋《こんにゃくや》をしておられたので、教祖は、

「蒟蒻屋さんなら、商売人やな。商売人なら、高《たこ》う買《こ》うて安う売りなはれや」

と仰せになったそうです。

しかしこの方は、どう考えても「高う買うて安う売る」の意味が分かりませんでした。そんなことをすると損をして商売ができないように思われましたので、先輩の先生に尋ねたところ、次のように諭されました。

「問屋《といや》から品物を仕入れる時には、問屋を倒さんよう、泣かさんよう、比較的高う買うてやるのや。それを、今度お客さんに売る時には、利を低うして、比較的安う売って上げるのや。そうすると、問屋も立ち、お客も喜ぶ。その理で、自分の店も立つ。これは、決して戻りを喰《く》うて損する事のない、共に栄える理である」

こう諭されて、初めて「なるほど」と得心がいったということです（『稿本天理教教祖伝逸話篇』一〇四「信心はな」参照）。

この逸話は、何をお教えくださっているのでしょうか？「高う買うて安う売る」とい

うことは、単純に損得勘定をすれば、損ばかりしているように思えます。しかし、その損ばかりしているように見える中にこそ、お金で買うことのできない尊いものをお与えいただけるのだと、お教えくださっているように思えてなりません。

この世は親神様の体とお教えいただきます。そのふところの中で、私たち人間をはじめとするすべての生き物は、親神様のおはたらき、ご守護を頂いて生かされています。このことに感謝する気持ちになれば、命を大切に、物を大切にするという「慎み」の心が生まれてきます。また、さまざまな人のおかげで、こうして自分が生活できるということに気がつけば、おのずとたすけ合いの心が出てきます。

「高う買うて安う売る」というのは、何も商売のうえだけのことではありません。毎日の暮らしの中で、相手を喜ばす、相手を立てるということを実践させていただきたいものです。

そして、「十働いて、九つ貰うて、八つで生活」することを心掛け、日々実行するならば、行く末には良き運命に支えられた本当の幸せが待ち受けていると、私は確信しています。

感謝の心で物を大切に

大向《おおむかい》親江《ちかえ》
天理市・ネパール連絡所初代所長夫人

このごろ、日本全国どこでも、海外から来ている人をたくさん見かけるようになりました。仕事や勉強のために来ている人、観光で来ている人など、さまざまです。

そんななか、あこがれの日本へ東南アジアからやって来たという人に、「日本はどうですか？」と感想を聞いてみました。するとこう答えられました。

「日本は豊かですね。街には物が溢《あふ》れていて、食べ物もおいしい。みんな身ぎれいにしていて、快適な暮らしをしています。治安も良くて、平和で、うらやましく思います。日本の人たちは、とても幸せだなと思うんです。ところが当の日本人は、自分の家はそんなに豊かではないし、日本でもいろいろ事件があって安心ではないと言います。どうして幸せだと思えないのでしょうか。

それともう一つ、我慢のならないことがあります。それは、物を粗末にする人が多いことです。水は使い放題で流しっ放しにするし、食べ物は残して捨てる。きれいな服も、まだ使える家具や電気製品も、山のように捨ててあります。日本には『もったいない』という言葉があると聞きましたが、本当でしょうか。信じられません」

私は、この人がそう言われるのも無理はないと思いました。

私は以前、主人が天理教ネパール連絡所長を務めていた関係で、カトマンズに二十年ほど住んでいました。ネパールは、南はインドに、北はチベットに接する東西に細長い国で、その面積は北海道の約二倍です。南の平野部以外は、ほとんどがヒマラヤ山脈に連なる山また山の山岳国です。

その真《ま》ん中あたりの盆地に、首都カトマンズがあります。水道は毎日朝夕、一時間から二時間だけしか給水されません。しかも、蛇口《じゃぐち》から出てくる水は半透明です。生水を飲むと、アメーバ赤痢《せきり》にかかって大変な下痢症状を起こすこともあります。電気はしょっちゅう停電します。私の娘たちは、ローソクの灯《ひ》で宿題をすることもよくありました。

それでもカトマンズはまだ良いほうで、山村にいたっては、電気も水道もありません。山のやせ地にある畑では一家を十分に養うだけの作物ができず、餓死《がし》しない程度の自給自足の暮らしぶりです。診療所もない村がほとんどで、腸チフス、マラリア、結核などの伝染病も多く、常に栄養不足状態にあるので、ひとたび病気にかかると命を落としてしまうこともよくあります。

天理教ネパール連絡所では当時から、活動の一環として、ネパール人のドクターの協力を得て無料診療活動「メディカルキャンプ」を行っていました。このネパール人のドクターは、以前から診療所も薬屋もない山の集落で無料診療活動を行いたいと考えていました。そして、カトマンズの国立病院で長年にわたり清掃ひのきしんを続けている天理教ネパール連絡所の活動ぶりを見て、この人たちとなら協力し合えるのではないかと考え、メディカルキャンプの開催を私たちに提案してきたのです。

メディカルキャンプでは、ドクターが専ら診察を受け持ちます。私たちは、訪れる村の代表者と事前に話し合い、車を手配し、テント、飲料水、薬などを準備して、無料診療所を設営します。そして、山々を越えて何時間も歩いてやって来る数百人の村人の、お世話をさせていただくのです。

ある山村へ行ったときのことです。道中で十歳くらいの男の子たちが、放牧しているヤギの番をしながら崖《がけ》の上の草地に寝転がって、眼下のカトマンズを眺《なが》めながら楽しそうにおしゃべりしているのを見かけました。まさに一幅《いっぷく》の絵のような光景です。私は同行のドクターに、「あの子たちは、町の子供のように勉強に追われることもなく、これで病気さえしなかったら、ゆったり過ごせていいですね」と話しかけました。するとドクターは、「何をのんきなことを……」という顔で私を見、そして非常につらそうに、こう答えました。

「あの子たちには飢えがあるんだよ。山村では『お母さん、お腹《なか》がすいたよ』と言えば、五、六歳の子供でもタバコを吸わせて、口寂しさを紛らわさせるんだ。それもできなければ、『お腹の帯をきつく締め直しなさい』と言うんだよ」と。

メディカルキャンプには、手足が棒のようにやせ細り、お腹だけが膨れた栄養失調の子供や、腸結核のために衰弱して、全身が皺《しわ》だらけで、まるでおばあさんのようになった二十歳くらいの娘さんなども背負われて来ました。私は、このメディカルキャンプを通して、非常に厳しいネパールの山村の実情をまざまざと見せつけられたのでした。

しかし、ネパール以外にも、世界には自然災害や戦争で家を失った人や、水も食料も手に入らず飢餓《きが》に瀕《ひん》している人が大勢います。その数は八億五千万人に上ります。世界中のどこかで、五秒に一人の割合で子供が餓死しているそうです。国連などから毎年、六百七十万トンの食料支援がなされていますが、足りません。

片や日本では、一年間にその支援分の三倍、約二千万トンもの食糧が捨てられています。何ともったいないことをしてしまっているのでしょう。どうしてこんなことが起きてくるのでしょう。物が豊かなところで暮らしていると、それが当たり前になってしまうからでしょうか。食べ物があって当たり前、着る物があって当たり前、いちいちありがたいとは感じなくなってしまっているのです。幸福感が希薄になってしまっているのです。

世界中の人が日本人のような生活をするためには、地球が二個半は要るそうです。でも地球は一つしかありませんから、世界中の人がいまの日本人と同じ暮らしをすることはできないということです。それなのに日本人が、もっと便利な、もっと快適な生活を追い求めるのは、世界中の人の分まで、さらには子や孫の分まで、地球の資源を使い果たすことになってしまいます。

教祖《おやさま》は、「物は大切にしなされや。生かして使いなされや。すべてが、神様からのお与えものやで」とお教えくださいました。

親神様は、人間が生きていくために、空気、水、太陽の光と熱、豊かな大自然をお恵みくださっています。その中で、人間は互いにたすけ合いながら、自然の恵みを利用して、さらに手を加えて衣食住をまかない、生活しているのです。

すべてが神様からのお与えものだと思えば、ありがたい、もったいないという感謝の心が湧《わ》いてきて、無駄にしたり、粗末にしたりせずに、大切に使わせていただくようになります。そして、食べ物やいろいろな品物を作ってくださった人々の努力にも感謝するようになります。神様のお恵みを頂いて生活しているという根本のところが分かれば、豊かに暮らさせていただいてもったいない、恵まれていてありがたいという、充足感に満たされます。自分さえ良ければいい、自分一人くらいの浪費は構わないとは思わなくなるでしょう。

感謝の心で物を大切にする暮らし方をするようになれば、心にゆとりが生まれます。心にゆとりがあれば、家族や周りの人に気配りができるようになり、思いやりの心が育ちます。それこそが、陽気ぐらしへとつながる、幸せへの道ではないでしょうか。

あとがきに代えて
「憩の家」事情部のおたすけ

横山《よこやま》一郎《いちろう》　天理教本部員、天理よろづ相談所「憩の家」理事長・同事情部長

この本の内容は、「憩《いこい》の家」事情部講師の日々のおたすけを日誌形式でつづった「おたすけ日誌」と、同講師による幸せに暮らすためのヒントとなる教話「しあわせの心」とで構成されています。

この本を通して、御《み》教えを取り次ぎ、おさづけを取り次がせていただくことは本当に素晴らしいというメッセージが、読者の方々に届けばと思っています。

事情部の講師は現在九十四人。そのうち常勤講師が四人。あとの九十人が教会本部からの派遣や直属教会からの推薦を受けた一般講師です。立場は、現職の教会長や前会長、会長夫人、布教所長、詰所主任などさまざまです。男女の割合は男性がおよそ三分の二、女性が三分の一。一般講師はすべてひのきしんでつとめてくれています。

講師を九つの班に分け、本院のＩＣＵ（集中治療室）と救急病棟を除く十九の病棟と白川《しらかわ》分院を、それぞれの班で担当しています。一般講師は基本的に、毎月七日以上の通常勤務と、年に一回、二十日以上つとめる長期勤務があります。各班には毎月、長期勤務の講師が一人ずつ置かれ、その人が中心になっておたすけに回ります。常勤講師は、主に担当する病棟が決まっている講師もいますが、手薄な病棟へ回ってもらうこともあります。このようにして講師の数のばらつきが出ないようバランスをとっています。

「憩の家」でのおたすけは、患者さんにたすかっていただきたい、少しでも患者さんの苦しみを慰めさせてもらいたいという、その思いが一番大切です。

患者さんの話に耳を傾け、本当の気持ちを聴かせてもらって、その人が何を求めておられるのかを各講師が考え、かしもの・かりものの教理を中心に的確なお話をさせてもらう。これが基本です。

この本の中でも紹介されていますように、病床へお伺いしてのおたすけだけでなく、身上《みじょう》や事情の悩みで尋ねてこられる方に、教えに基づいて話をさせてもらう「外来相談」や「電話相談」、また、出直された方のお見送りも事情部講師の大事な御用です。

「憩の家」は重い病の方が多いですから、年間約六百人の患者さんが出直されます。ほぼ毎日、多い日は六、七人の方が出直されます。その都度、事情部に「○○さんは○時にお帰りです」という連絡が入り、その日勤務している講師がお見送りに立ち会います。その際、ご遺体とご家族の方、医師や看護師の前で「魂は生き通しです。お出直しされましたが、またどうぞ生まれかわって……」と、出直しの教理を取り次がせていただきます。これには、家族の方も非常に喜ばれます。夜中にお帰りになるケースもたくさんあります。何時であっても宿直の講師が、きちんと身なりを整えて丁重に送らせていただきます。

お見送りだけでなく、病棟から「すぐおたすけに来てください」といった緊急の呼び出しもありますから、三百六十五日、二十四時間対応できる勤務体制になっています。

入院されている患者さんは、本院で約七百人。おたすけの件数は、日によって、あるいは病棟によって違いますが、一人の講師あたり、多いときは十件以上です。一人の患者さんのところには平均三日から五日に一回伺います。毎日来てほしいと希望される患者さんには「毎日おたすけ」をさせていただいています。基本的に数にはこだわっていません。ノルマがあるわけではありませんから、各講師がじっくりと、心を込めた誠真実のおたすけをしてくださっています。

「憩の家」を受診される方の七、八割が未信仰の方です。そういう方におさづけを取り次がせてもらうことは、大きなにをいがけになっていると思うのです。患者さんだけでなく、ご家族の方にもある程度お道の教えを理解いただけているのではないかと思います。

また、未信仰の方がこうした濃厚なおたすけを受けてくださることは「憩の家」ならではのありがたいことだなと、率直に感じています。結果として、別席を運ばれたり、よふぼくとなられる方もおられます。修養科に入られた方もあります。丹精については各講師に一任しています。

事情部の講師はおぢばで、それも目の前に本部神苑が広がるおやさとやかたでのおたすけをさせていただけるのですから、お道の者にとっては本当に素晴らしい御用です。医師、看護師、事情部講師が付き添い、ストレッチャーに横たわったまま本部神殿に参拝され、病院に戻って出直された方もありましたが、その方の魂は間違いなく陽気ぐらしへ踏み出しておられます。そうしたお手伝いをすることができるのです。

おさづけがありがたいのは「憩の家」に限ったことでないのは当然です。未信仰の方であっても、誠真実の心で接すればおさづけを受けてくださいます。世界には身上に悩む方が大勢おられます。あらためて、「よふぼくはおさづけの取り次ぎに励ませてもらいましょう」ということを、「憩の家」事情部からの切なるメッセージとして届けたいと思います。

陽気《ようき》ぐらしへの扉《とびら》　真《しん》のたすかり祈《いの》って

立教173年（2010年）3月1日　初版第1刷発行

編　者　天理教道友社

発行所　天理教道友社
〒632-8686　奈良県天理市三島町271
電話　0743(62)5388
振替　00900-7-10367

TENRIKYO DOYUSHA

印刷所　株式会社天理時報社
〒632-0083　奈良県天理市稲葉町80

ISBN978-4-8073-0545-2
定価はカバーに表示